Deep & Fast Thinking

Kimio Inagaki

「本質」を瞬時に
見抜く思考の技術

深く、速く、考える。

稲垣公夫

クロスメディア・パブリッシング

はじめに

この本で解説する、**深く速く考える思考法＝「深速《しんそく》思考」**は、もともとは私が製品開発エンジニアの能力を高める研修で教えていたものですが、試行錯誤を繰り返す中で、広く一般のビジネスパーソンの思考トレーニングにも使えることに気づきました。本書はそのノウハウをまとめたものです。

経済のグローバル化が進むと、先進国と新興国との教育・技術レベルの差も小さくなっていきます。人件費が安くて優秀な新興国の人材と、人件費が高い先進国の人材が職を奪い合う状況は、日本でも少しずつ避けられなくなっていくでしょう。人工知能やロボットのさらなる技術発展によって、定型的な仕事の多くは機械にも取って代わられてしまいます。

先進国で高い給料を払われ続ける仕事とは、新しいコンセプトを生み出すような、「創造的で非定型的な仕事」だけになっていかざるを得ません。つまり、これからのビジネスパーソンには、これまで重宝されてきた、既知の知識を素早く吸収する「効率的に学ぶ力」よりも、新しい知識をつくる「深く考える力」のほうがいっそう求められるようになるのです。

戦後の日本は高い経済成長を実現して世界を驚かせ、１９８０年代に絶頂期を迎えました。ところが90年代以降、日本経済の世界での地位は下がり続けています。とくにＩＴ・家電・半導体など、それまで日本の産業を引っ張ってきた総合電機メーカーの多くで、大規模なリストラや事業の売却・撤退が行われ続けています。わずか5年前、シャープや東芝がいまのような状態になると想像できていた人は、それほど多くはないでしょう。

このような状況の中でも、グローバル競争で勝ち残っている日本の大きな業界が、自動車産業です。とくにトヨタ自動車は、２０１６年3月期の連結決算で、売上28兆４０００億円、営業利益2兆８５００億円というケタ外れの数字を記録しました。同社は戦後の日本で最強の企業のひとつといっても過言ではないでしょう。

トヨタのものづくりや組織・製品開発については、実は日本よりもアメリカのほうが、格段に研究が進んでいます。これは80年代に日米で経済摩擦が激しくなったころ、強烈な外圧によって、半ば無理やりに同社のノウハウの公開が進んだためでした。トヨタはアメリカから多くの研究者や技術者を受け入れ、またカリフォルニアではゼネラルモーターズ（ＧＭ）との合弁企業「ＮＵＭＭＩ《ヌーミ》」を設立することとなります。こうした一連の流れは、アメリカの大学や企業が、トヨタの「強み」を学び、体系化する大きなきっかけになりました。

これらは、当時のトヨタにとって、摩擦の回避以外に得られるメリットは少なかったはずです。しかし、結果的には同社の洗練されたノウハウが、アメリカのみならず世界の多くの製造業に取り入れられ、日本国内以上に高く評価されることになったのでした。

深い思考を要する「A3報告書」

私自身も、アメリカにおけるトヨタ研究の重要拠点のひとつ、ミシガン大学で学びました。その関係で、トヨタ研究の大家であるジェフリー・ライカー教授と知遇を得ることになり、同教授らによる『ザ・トヨタウェイ』などの翻訳を手がけています。

また、5年ほど前からは、トヨタの製品開発をベースに、同じくミシガン大学の助教授だったアレン・ウォード氏が体系化した「リーン製品開発」と呼ばれる手法を逆輸入し、日本企業に普及させようと、主に製造業を中心としたコンサルティング活動を行ってきました。

そうした場で初めて「思考力」を高めることの重要性に気づいたのです。

トヨタの社内には、独特なツールが数多くあります。その代表格ともいえるのが、さまざまな報告や企画をA3サイズの資料1枚にまとめる「A3報告書」。ムダな記述を極限までそぎ落として本質を明らかにし、革新的なアイデアをシナリオ化するこのツールは、その分、作成にも深い思考を要します。しかし、トヨタはこのツールを仕事の中心に据えることで、社内の問題解決力やナレッジマネジメント力を飛躍的に高めることに成功しています。

また同時にトヨタ社員は、こうした資料作成術を入社1年目から叩き込まれ、実践を繰り返すことで、思考力を徹底的に鍛えられるのです。

A3報告書の威力は絶大で、リーン製品開発を企業に導入する上では必須のツールでもあります。一方で、日常的に深く思考する訓練を受けていない非トヨタ社員にとっては、ハードルが高いのも確かです。実際、筆者のどのクライアント企業でも、A3報告書の研修を行うと、教えてすぐに描けるような思考力を備えたエンジニアは1割ぐらいしかいません。

こうした難しい手法やしくみを効果的に導入するためには、社員の思考回路を変える必要があります。そこでクライアント企業のうちの4社で、合計60名近くの製品開発エンジニアを対象に、思考力を高める方法として「深速思考」を教える研修を始めたのです。

左にはその全体像をまとめました。詳細は本文に譲りますが、核のひとつは、ものごとの因果関係を図にした「**因果関係マップ**」を描くこと。A4の紙1枚ほどの情報を読み、その内容をいくつかの塊《かたまり》に分解して、「何を言っているか」を理解し（抽象化）、塊同士のつなが

深速思考の全体像

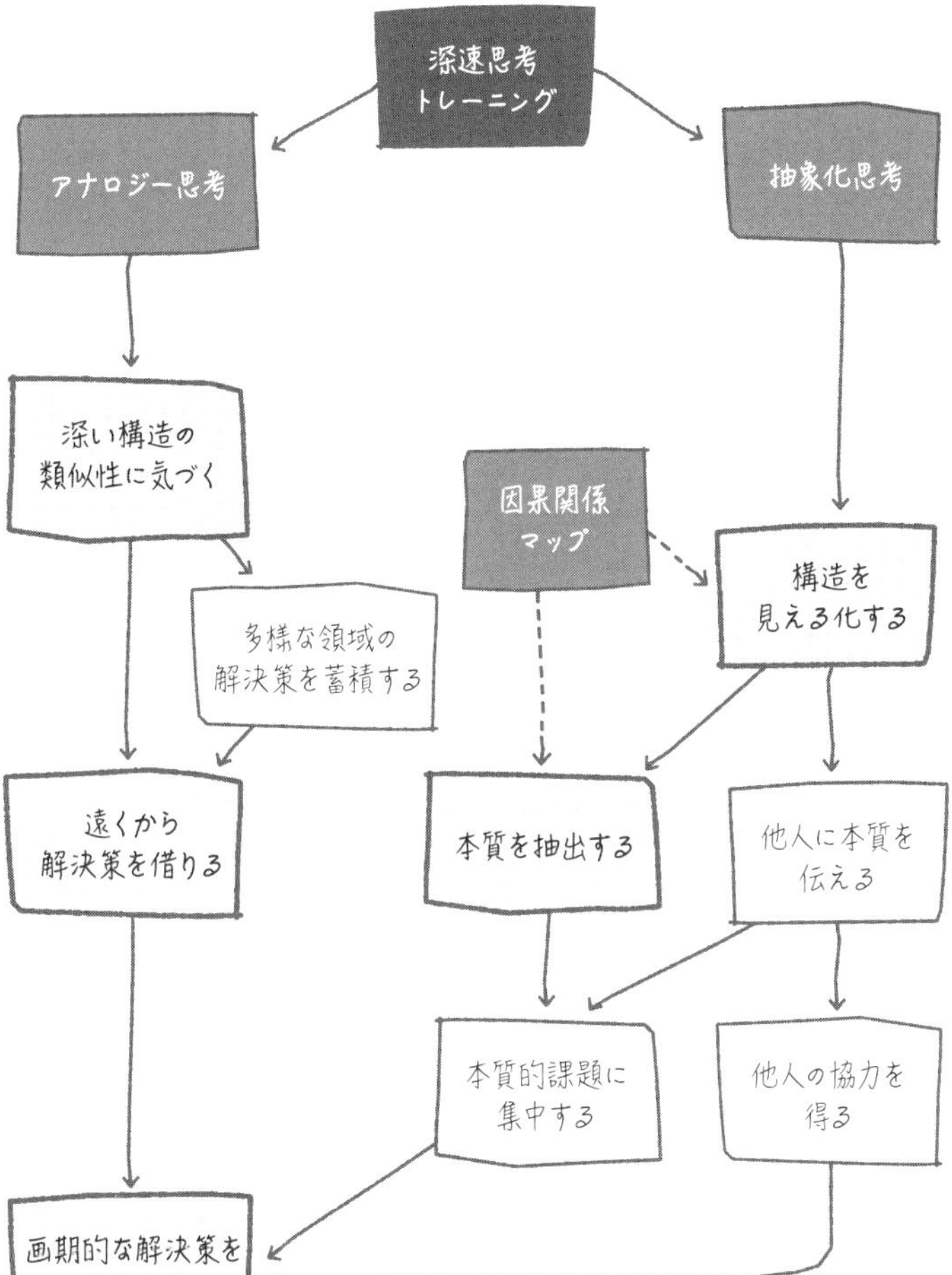
深速思考
トレーニング
アナロジー思考
抽象化思考
深い構造の
類似性に気づく
多様な領域の
解決策を蓄積する
因果関係
マップ
構造を
見える化する
遠くから
解決策を借りる
本質を抽出する
他人に本質を
伝える
本質的課題に
集中する
他人の協力を
得る
画期的な解決策を
考え出す

り（因果関係）を見出して図にするというものです。直観的に浮かんだ答えに飛びつくのではなく、状況を俯瞰《ふかん》して素早く因果関係をまとめることを繰り返し、深い思考をハイスピードで行う能力を身につけていきます。

また、実際の仕事の中では、自分が抱える問題の本質をいきなり抽象化するのではなく、現実とのつながりを保ったまま抽象度を上げていく「**抽象化思考**」や、問題を解決するために、自分のフィールドとは遠く離れた分野から解決のアイデアを借りてくる「**アナロジー思考**」といった本書の他の思考ツールも、問題解決や発想に役立ちます。

トヨタ社員が5年かけて身につける思考とは？

この研修は、実施したどの会社でも大きな成果が出ました。あるソフトウェア会社で、研修開始の6カ月後に研修生に実施したアンケート調査の回答は、「今後、業務で役に立つと思う」が95％、「思考回路が変わったと思う」が80％、「（研修を受けなかった）周りの人の思考に違和感を抱いたことがある」が60％でした。

この研修内容を詳細に見てもらった元トヨタ社員のアメリカ人は、「この研修で身につく思考は、トヨタでは〝**ズームイン・ズームアウト思考**〟と呼んでいるが、トヨタ社員でも、身につけるまでに5年かかる」と感想を述べていました。〝ズームイン〟は具体的に考え、〝ズームアウト〟は抽象的に考えること。この**「具体と抽象を自由に行き来できるようになる」**ことが、トヨタの思考法のキモのひとつでもあります。この点で、深速思考はトヨタの人材育成の一部を効率的に行う手法といえると思います。

また、本書の校正が終わりつつあった２０１６年の4月末、私はロンドン郊外で開催された「ＬＰＰＤＥ」というリーン製品開発の国際会議に招待されました。会議では基調講演を行い、その中で本書のメソッドも紹介したのですが、聴衆からは予想以上に大きな反響が寄せられ、講演後の質疑応答時間にも多くの質問が出ました。

あるフランス人のコンサルティング会社社長からは、「今回の会議で一番オリジナルな内容の講演だった」と言ってもらいましたが、彼はその翌日に催された、3時間ほどの深速思考トレーニングのワークショップにも参加し、「これは自分がコンサルタント採用のためにつくったテストと似ているが、クライアント企業の社員研修に使えるとは気づかなかった。こうした研修のニーズはヨーロッパでは非常に多くある」と話していました。

ヨーロッパでは、これまでさまざまな思考法が考案されてきた歴史もあり、実は「私のほかにも似たようなメソッドを編み出している人がいるだろう」と考えていました。ですので、こうした反応は私にとっても意外でした。

「深く考える」と聞くと、多くの人は哲学者のように難しいことを考えることかと思って、ちょっと尻込みするかもしれません。しかし、実は「深く考えること」は、「高いＩＱ」や「高度な専門知識」といったものを必要とするわけではありません。これらは独立したものだからです。たとえば、高度なテーマに関することであっても、浅く（＝表面的なことだけを）考えていては、思考力は高められないのです。

深速思考では、**「日常的な問題を深く考えること」を繰り返すことで、思考する力とそのスピードを鍛えていきます**。安心してください。職種や知能・知識レベルに関わらず、訓練によって「深く速く考える能力」は身につけることができます。

具体的には、本書では、「ＡＫＢ48はなぜ成功できたのか？」「徳川家康はなぜ江戸に幕府をつくったのか？」「鳥貴族はなぜ儲かっているのか？」といった身近なネタ、取っつきやすいネタを例題として取り上げ、それらに関するクイズなども交えながら考えていきます。

それでは、さっそく始めましょう。

深く、速く、考える。

目次

第2章 「深速思考」の基本と精度の高め方

第3章 「因果関係マップ」のつくり方

第4章 ネタを仕入れる
——ビジネスモデルの「本質」の抽出

第5章 遠くからアイデアを借りる

「本質」を別の場に応用

終章 深速思考を日常化する

序章

ヒトの脳には「思考のクセ」がある

ホモ・サピエンスの脳は数十万年もアップデートなしの状態

脳は私たちの身体の中でも最も謎に満ちた器官ですが、ここ10年ほどで、脳に関する研究は飛躍的に進んでいます。「深く速く考える」という話をする前に、まず、人間の脳に関して最近わかってきたことで、本書のテーマにもとても関係が深いポイントに触れます。

われわれ人類（現生人類）は、種としては数十万年前にアフリカで誕生したといわれています。とくに思考に関することで重要なのは、「ヒトの脳は、サバンナで生きていたこの時代から、生活や知識・技術の発展に合わせて進化するだけの時間的余裕がそれほどなかった」ということ。つまり、私たちは数十万年前の生活にしか適応できていない脳で、高度で複雑なこの世の中を生きなければならないようなのです。

ソフトウェアにたとえてみると、私たちの脳は「バージョン1・0」のまま、アップデートされないで数十万年が経過してしまった状態です。こうした状況は、開発者の間では一般に「仕様バグ」と呼ばれている欠陥を生み出します。通常、バグというと、「仕様（つまりソフトウェアが満たさなければならない条件を書いた文書）どおりに動作しないこと」ですが、仕様バグというのは「仕様そのものがユーザーニーズに合っていない」ということです。

この「脳のバグ」の最大の影響は、**われわれの脳が、深く考えるよりも、浅く考えることを好む**ということです。理由のひとつは、数十万年前のアフリカでの生活が危険に満ちていたことでした。いつ猛獣に襲われるかわかりませんから、深く考えるより、危険の兆候をちょっとでも感じたら反射的に行動するほうが、生存確率は上がります。猛獣が近づいてきたのに深く考えている人は殺されてしまい、その遺伝子が子孫に伝わる確率は下がります。

では、このことは、現代の人間にどんな問題を起こしているのでしょうか？　具体的には、頭の中に「常識の壁」をつくってしまうことが挙げられます。人間は同じことを繰り返すと、それに習熟して、考えなくてもできるようになります。このおかげで、仕事や作業が非常に効率的にできるのですが、それは同時に「この仕事はこうやるもの」とか「この方法でしかできない」という思い込みをつくり出してしまいます。

この仕様バグのもうひとつの悪影響は、われわれが難しい問題に直面したとき、最初に頭に浮かんだ解決策が最もよいものと思い込んで、「結論ありき」の行動に出てしまうということ。ここでも、私たちの脳が、せっかく深く考える能力を持っているにもかかわらず、それを使おうとしないクセが問題を起こしているのです。

「理解する」とはどういうことか？

脳に関して最近わかった、もうひとつの重要なことは〝理解する〟とはどういうことかという点です。結論からいえば〝**理解する**〟**とは、新しいことがらを、自分がすでに知っていることがらと結びつけること**なのです。逆に、「未知のことを既知のことと結びつけるのは、脳にとって理解しやすいやり方であり、人間の認知上のクセである」ともいえるでしょう。

「新しいことを、すでになじみの深いことに結びつけて理解する」と言うと、ちょっと難しく感じるかもしれませんが、要は「たとえ話（アナロジー）」で理解するのと同じことです。これは、すべての言語で、抽象的なことを「具体的なことのアナロジー」で表現することからもわかります。

たとえば「梯子《はしご》をはずされる」という慣用句。これは、「何かをやるように仕向けられたが、状況が悪くなるとサポートされなくなった」といった抽象的な（さまざまな場合がありうる）状況を、「梯子で屋根の上に上がったら梯子をはずされてしまい、下に降りられなくなった」という、より具体的な状況でたとえているのです。

このように、すべての言語において、抽象的な概念を表す言葉は、より具体的な言葉のアナロジーでつくられます。

また、ひと口に「理解する」と言っても、理解が深いこともあれば浅い場合もあります。こうした「理解の度合い」の差はどこから生まれるのでしょうか。

具体的には、**図表1**のように、**新しいことを、すでに知っている多くのことと**

図表1 浅い理解と深い理解

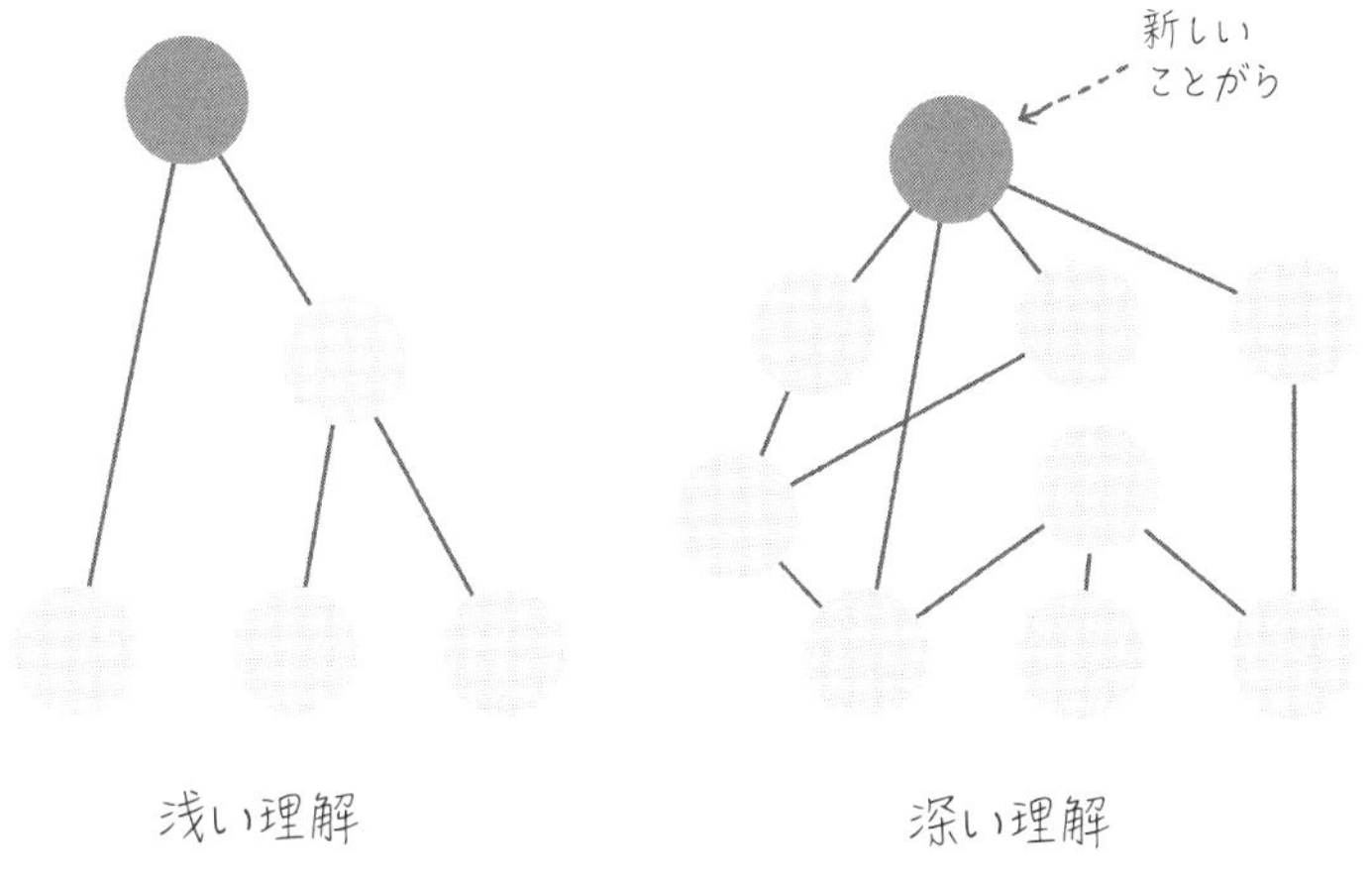

結びつけられれば「深い理解」になります。逆に、少ないこととしか結びつけられなければ「浅い理解」に留まります。

ひとつ例を考えてみましょう。

みなさんは、中学校の理科で習った「オームの法則」を覚えていますか？　式にすると、「電流＝電圧／抵抗」となりますが、文系の人の中には、こう書いただけで「あぁ、なんか面倒な話になってきたな」と思う人もいるかもしれません。

この式を単に丸暗記するだけだと、確かに「浅い理解」になってしまうのです。

こうした場合、頭の中で数式だけが孤立していて、ほかのことがらと結びついてはいません。確かにこれを丸暗記すれば、試験ではマルをもらえるのかも知れませんが、仮に間違って「電圧＝電流／抵抗」と覚えてしまうと、答えも完全に間違ったものが出てしまいます。

そこで、この電気に関する現象を「タンクにホースをつないで庭に水をまく」という日常体験にたとえて——つまりアナロジーで考えてみましょう。

図表2のように、この例では、電流・電圧・抵抗は、それぞれ、

・電流＝単位時間あたりにホースから流れ出る水の量

・電圧＝水の圧力（水タンク内の水位とホースの出口の高さの差に比例）
・抵抗＝ホースの流れにくさ（細いほど抵抗が大きい）

に対応します。そうすると、タンクを高い位置に置いて、水圧が高くなるほど（つまり電圧が高いほど）、水が多く流れる（電流が多く流れる）。またホースを太くするほど（抵抗を低くするほど）、水が多く流れるということがわかります。

いかがでしょう。これまでの生活の中で、ホースで水まきをしたときの記憶のように、「自分の体験を通じて知っていること」に対応させて電気を理解するほうが、より深い理解になったのではない

図表2　すでに知っていることと結びつける

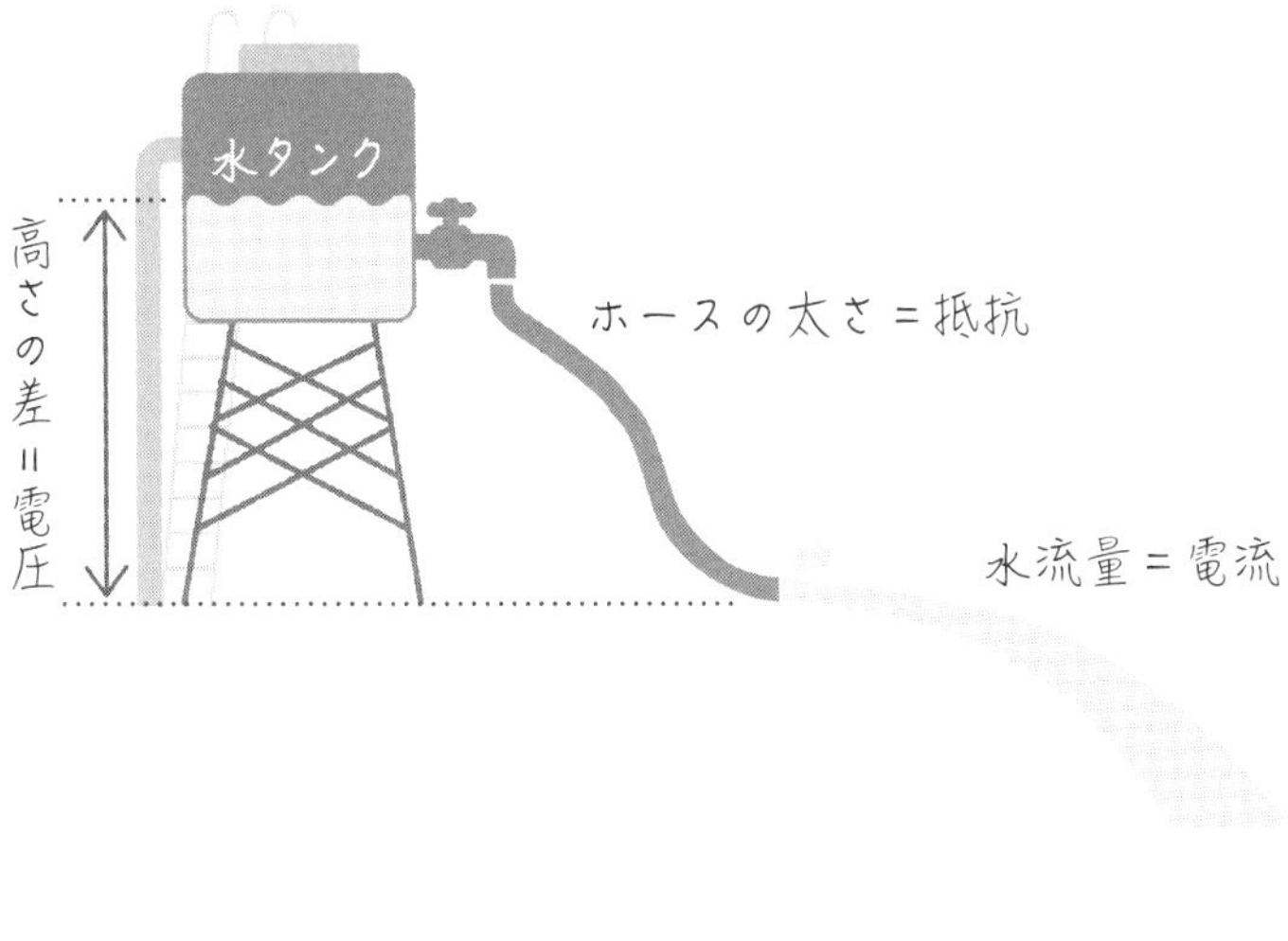

でしょうか。より身近なものに置き換えることで、目に見えない、抽象的で得体の知れない「電気」を、しっかり理解できるのです。

このように、ものごとを深く理解するには、頭の中のたくさんの知識と結びつける必要があります。

もうひとつ、深い理解とはどういうものなのか、歴史を例に考えてみましょう。

歴史を浅くしか理解していないとは、たとえば「何年に誰が何をした」という歴史的事実だけを知っている場合を指します。これに対して歴史を深く理解しているとは、歴史的事件の間のつながり（因果関係）、歴史以外の要素（経済・軍事・技術・地形・気候の変化など）とのつながりも知っているということです。

つまり、知識や理解が深ければ深いほど、たくさんのことがらがつながって記憶されているといえるのです。

浅い知識はいわば「点の知識」であり、深い知識は「面の知識」ですが、後者のほうが記憶が確かで、しかも応用が利きます。

知識と知識のつながりの多くは、「因果関係」です。因果関係を知りたがること、つまり

「なぜ」と問い続けることは、人間の脳の基本機能として組み込まれています。小さな子が親に、しつこいほど「なんで？」と問い続けるのは、ごく自然なことなのです。

幼児が新しいことがらに出合ったとき、それを深く理解するとは、対象を観察して、聴いて、匂いをかいで、触って、動かしてみて、過去の経験から得られた知識と関連づけるということです。これに対して浅い理解とは、「こうすればこうなる」といった単純な因果関係だけを記憶することを意味します。浅い知識は狭い状況でしか使えません。

こう考えると、深く理解するためには、たくさんの個別的な知識を記憶することより、それらの知識をネットワークのようにつなげるほうが重要だということがわかります。つながりが多いほど理解は深くなり、深い思考が可能になります。

知識が深ければ深いほど、たくさんのことがらがつながって記憶されている。

「深い構造」が見えない理由

一方で、人間の脳には、実は「深い構造が見えにくい」という大きな問題があります。ここでいう「深い構造」とは、複雑な現象の背後にある因果関係などの構造のこと。これは別の言い方をすれば、**人の脳は抽象化が苦手**だということです。それを体験するために、次の2つのクイズに挑戦してください。2問とも難問で、正答率は1割前後です。

クイズ①

あなたは医者で、胃に悪性腫瘍を持つ患者を受け持っているとしましょう。患者を手術することは不可能ですが、腫瘍を取り除かない限り、患者は死んでしまうという状況です。

ここに腫瘍を破壊することができる光線があります。もしこの光線が一度に適切な強度で照射されれば、腫瘍を破壊することができます。

ただし残念ながら、この強度の光線は、腫瘍までの健康な組織を通過する際、それらも傷つけてしまいます。低強度の光線であれば健康な組織には無害ですが、腫瘍を破壊することもできません。どうすれば、健康な組織を傷つけずに腫瘍を破壊できるでしょうか?

答 多数の光源をすべて異なる角度から腫瘍に照射するように配置し、それぞれの光源の強度は健康な組織を破壊しない水準まで弱めてすべての光源を一斉に照射すると、腫瘍部分だけに強い光があたり、途中の組織は破壊されない。

クイズ②

ある独裁者が、ある小国を要塞から支配していました。この要塞は国土の真ん中に位置し、そこから車輪のスポークのように、放射状に多数の道路が伸びています。

ある将軍が、この要塞を攻撃・占領して、独裁者の手からこの国を解放することを誓います。将軍は、彼の指揮下にある軍隊全体が独裁者の要塞を一度に攻撃できれば、要塞を陥落させられることを知っています。

しかし、国内各地に送り込んでいたスパイは、各道路に地雷が敷設されていることを報告してきました。この地雷は、独裁者が兵士や労働者を動かせるように、少人数の集団であれば安全に通ることができるように設定してありますが、大きな軍勢が通ると反応して爆発するようになっています。将軍はどのようにすれば、自軍を地雷の犠牲にせずに独裁者を倒すことができるでしょうか？

答　将軍は自分の軍隊を放射状の道路の数だけの小隊に分けて、それぞれの道路から要塞に進み、要塞を一斉に攻める。こうすると、地雷の上を安全に通過しつつ、中心の要塞を全軍が一斉に攻撃できるため、独裁者を倒すことができる。

実はこの問題は、もともとアメリカの心理学者が大学生に行った心理学の実験で使われたものです。

実験では、クイズ①の正答率はとくに低く、1割前後でした。なぜ難しいかというと、正解を導くための2つの要素、「光線源を複数使ってもよい」ということと、「弱い光線を多数の異なる方向から一点で交わるように照射すると、交わるところだけは多数の光線の強度が加算される」ということに気づきにくいからです。

両方とも、かなり難しい問題ですが、実はこれら2つのクイズの正答率を調べることは、この実験の目的ではありませんでした。

先に種明かしをすると、「2つの問題は深いレベルで同じ構造をしている」ということを見抜けるかどうかが実験の狙いだったのです。そして、両者に共通する構造とは、「勢力を分散して、多方向から同時に攻める」ということです。

ですが、回答者に「クイズ①とクイズ②の間に何か関係はありますか」と尋ねると、正しく答えられる人はわずか1割しかいませんでした。

クイズ①には正解できず、クイズ②は正解できた回答者に「どうしてクイズ②の正解がわかったのですか？」と尋ねても、首をかしげるだけの人もいました。それらの回答者は、2つの問題の構造の類似性に、意識的には気づけなかったようです。

これはつまり「問題の文章を抽象化することができなかった」ということ。そしてその原因は、問題の中の表面的なことがら（医学やがん治療に関する情報、軍事に関する情報など）に気を取られて、その背後の深い構造を見過ごしてしまったことなのです。

この実験が証明したのは、多くの要素からなる複雑な現象を観察すると、人の脳の関心はどうしても、

・表面的な属性（形や色、大きさ）
・表面的な関係（互いに隣接しているとか、特定の領域にあるとか）

に集中してしまい、その背後にある本質的関係（因果関係や問題の構造）が見えなくなって

しまうという仮説でした〈図表3〉。

　ほとんどの人は、クイズ①を解く際には医学に関して知っていることを、またクイズ②を解く際には軍事に関して知っていることを必死に思い出して使おうとします。そのために、2つの問題の深い構造上の共通点に気づかないのです。

　とはいえ、「2つの問題の間には類似性がある」というところまでヒントを与えられると、大半の回答者は瞬時にそれに気づきました。

　つまり彼らは、構造の類似性が見えなかったというより、問題に関わる表面的なさまざまな要素に気を取られて、問題の構造まで気が回らなかっただけなのです。これは「気づかなかった」というよ

図表3 その関係は表面的か、本質的か？

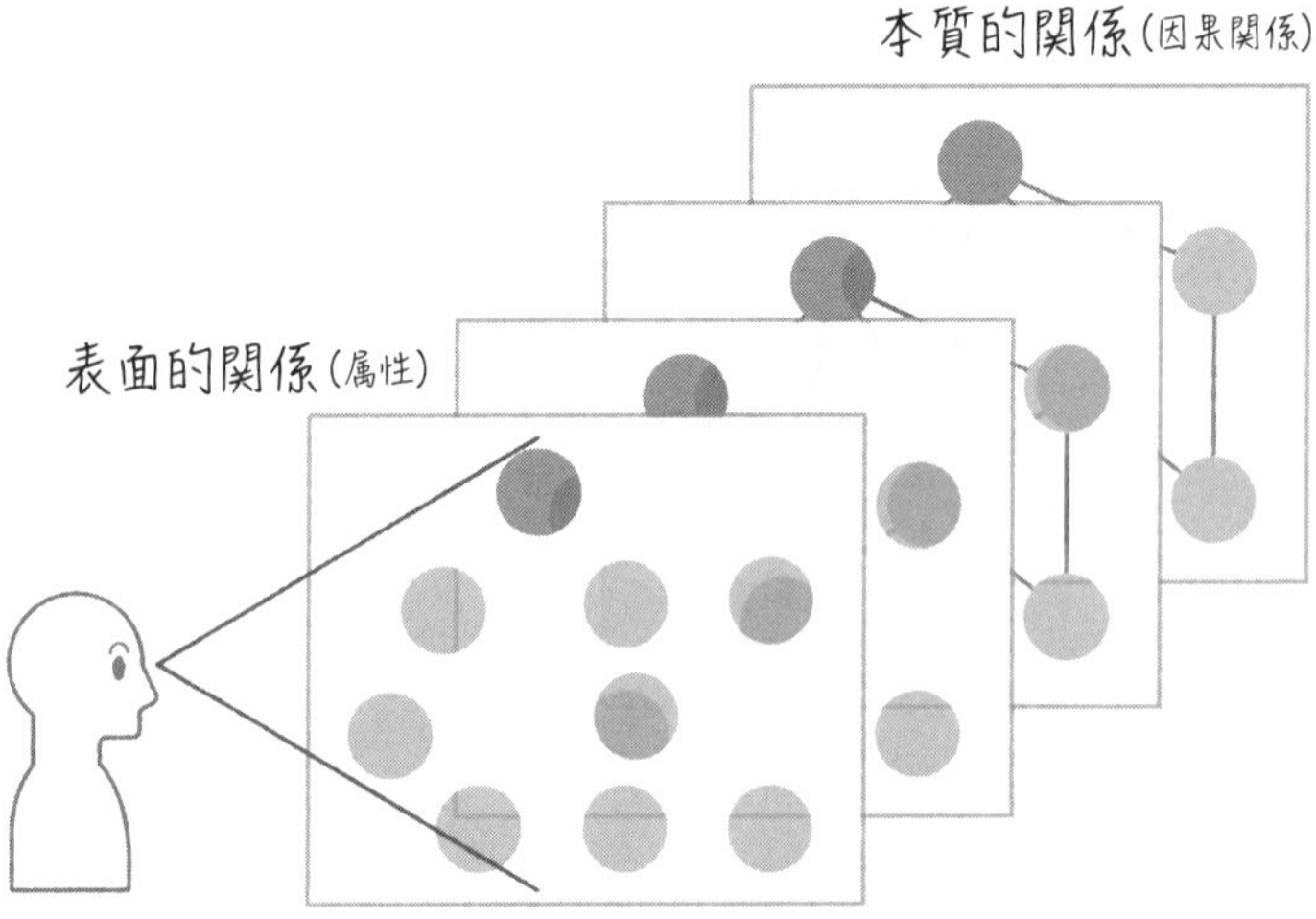

りは、おそらく「無意識では気づいていたが、意識まで入ってこなかった」という状態が大半でしょう。

脳が深い構造に気づきにくい原因は、実はこの章の冒頭で説明していたことにあります。それは、**われわれの脳が、新たな情報に出合うと、すでに知っていることに結びつけて理解しようとするクセ**です。私たちが記憶している知識のほとんどは、「それぞれの要素に関する具体的で細かいこと」であり、要素間のつながりのような「全体構造に関する抽象的なこと」は、ほんの少ししか記憶していません。

本質的なこととは、普遍的・抽象的なことですが、人の脳はそれが「見えていても気づかない」ようにプログラムされているのです。まったく見えていないのなら、見えるようにするのは難しいのですが、見えているのに気づかないだけなら、表面的なことに惑わされないような訓練ができないか——これが深速思考トレーニングの基本的な発想です。

それでは次の章で、「深く考える」とは具体的にどんなことかを見ていきましょう。

思考のヒント①

疑う力

ある企業で、2年間にわたる製品開発部門の改革活動を終えて、会社幹部に向けて行われた成果報告会に出席しました。一連の活動の中には、本書で解説する深速思考のトレーニングも含まれていました。

報告会の場で、あるエンジニアが「この活動を通じて、ものごとを鵜呑《うの》みにせず、何事も疑うようになったのがよかった」と感想を述べていました。これは筆者にとって何よりも嬉しい言葉でした。

深速思考のひとつの狙いは、「常識の壁」を破る発想をできるようにすることですが、その際に重要なのは「疑う力」です。「疑う力」という言葉は、「疑い深い」とか「懐疑的」といったネガティブなイメージを連想させてしまいますが、常識の壁を破るためにはとても大事な力なのです。

小さな子どもが親に「なぜ？」を繰り返すのは、疑う力がある証拠です。しかし子どもは成長するにつれ、世間の常識や学校で先生が教えたことを、疑問を持たずに受け入れるようになりますし、それが大人になることだと教えられます。

疑う力は「ものごとをありのままに観察する」という力につながります。私たちの脳は、五感から入った情報を、頭の中に出来上がったテンプレートに当てはめて解釈します。そのテンプレートに当てはまらない情報は「ノイズ」としてカットされます。

しかし、そのカットされた情報の中にこそ、「常識の壁」を否定するものが含まれている可能性があります。ですから疑うということは、単に何でも他人の意見に反対することとは違います。

他人が言ったことについて、「本当かな？」と疑問に思ったら、とりあえず現場に行って、現実をあるがままに観察して、本当でないことを示す情報を見つけるようにすべきです。

トヨタで三現主義（現場・現実・現物）とか「本当にそうなのか、現場に行ってよく観なさい」と言われるのは、誰にでもある常識の壁や思い込みの悪影響に対する防護策なのです。

第1章

結局、「深く考える」ってどういうこと？

「高度な思考」は何が高度なのか？

最近、ニュースやメディアで人工知能（ＡＩ）の話題が取り上げられない日はないと言っていいでしょう。コンピュータがチェスの世界チャンピオンを破ったのは１９９０年代後半でしたが、その後、チェスよりはるかに打つ手の組み合わせが多い将棋や囲碁まで、コンピュータがプロに勝利するまでになりました。

また、東京大学の入学試験に合格できるＡＩの開発を目指すプロジェクトが、目標に向かって着実に進みつつあるということもメディアで報道されています。工場ではロボットや自動機械が人による作業の多くの部分を置き換えつつありますし、事務処理や技術計算などの定型的業務もどんどんＩＴ化されつつあります。ＡＩがこのまま進歩しつづければ、人がやっているすべての仕事をコンピュータが奪ってしまうのでしょうか。

このような心配に対して、「知的に高度な仕事はまだまだコンピュータ化できないだろうから、ハイレベルな教育を受けて、高い知識を身につけよう」と考える人は多いでしょう。しかし、高度な仕事に必要な「高度な知識や思考」とは、いったい何でしょうか。人にしかできないこととは何でしょうか。

これを考えるには、**図表4**のように、高度な知識や思考を「専門性の高さ」と「思考の深さ」の2つの軸に分解して考えるとわかりやすいと思います。

第1の軸の「専門的と日常的」を見てみましょう。専門的な思考とは、細かく分けられた学問・技術分野での思考です。

図表4　「高度な思考」を分解していくと

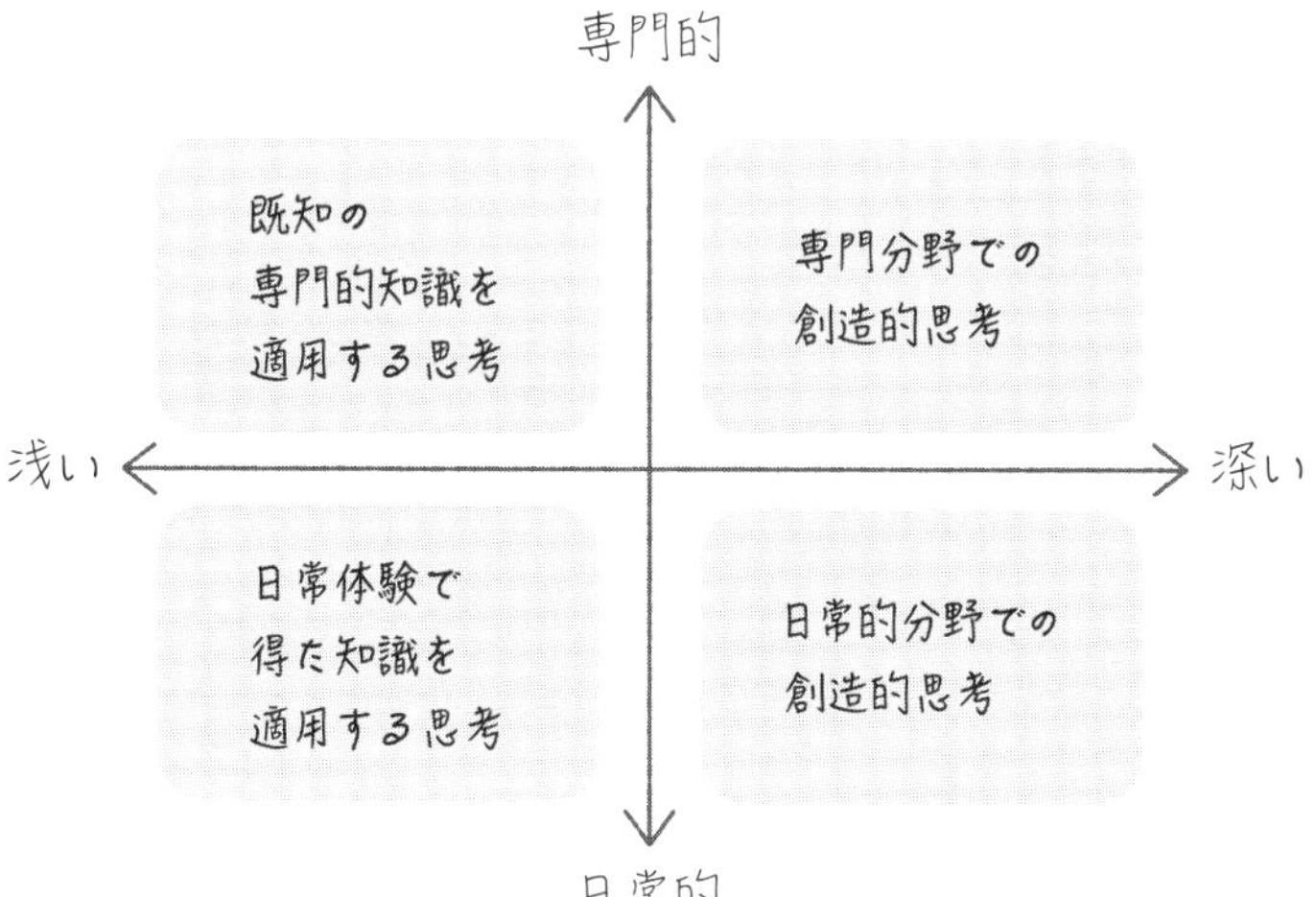

こうしたフィールドでは、言葉の定義があいまいにならないように、分野ごとに異なる多数の専門用語が使われ、加えて、膨大に蓄積されている専門知識が前提なので、そこでなされる思考もまた、専門家以外にはわかりにくいものになります。

これに対して日常的な思考とは、誰もが行う、日常生活の中での思考です。このためには誰でもわかる普通の用語と、人間が生活の中で蓄積してきた常識的な知識が使われるので、誰でも理解することができます。

次に第2の軸、「深い思考と浅い思考」を見てみましょう。浅い思考とは、現象やものの形・色といった表面的な属性だけに注目し、それらについての知識だけを使う思考方法です。

これに対して深い思考とは、現象やものの要素がどのようにつながっているか、あるいは因果関係がどのようになっているか、といった深い構造にも注目して、関係する多数の知識を動員し、それらを組み合わせて新たな知識をつくり出すものです。

別の言い方をすれば、浅い思考は「定型的な思考」、深い思考が「創造的な思考」ということ。浅い思考は、どんなに高度で専門的な知識を使おうとも、コンピュータに容易に置き換えられてしまう思考です。**また、創造的な仕事というと、ひらめきやインスピレーションが重要であると考えがちですが、実は深い思考が一番重要**なのです。

たとえば医師になるには、6年間の大学教育で、難しい専門用語が満載の膨大な医学知識を覚える必要があるので、医師の仕事に専門的思考が必要なことは明らかでしょう。しかし、深い思考は経験を通じてでなければ身につきません。そのため、未熟な医師が患者を診断するときには、「Xという症状なら、Yという病因で、治療法はZ1かZ2」という大学で学んだ専門知識をそのまま当てはめるだけの思考にとどまります。

しかしベテラン医師、とくに名医と呼ばれる医師は違います。「Xという症状なら、病因はY1あるいはY2・Y3の組み合わせ、さらにはY4とY5がたまたま重なったことも考えられる」というように、膨大な医学知識にプラスして、自分の経験から得た知識を総動員して因果関係の連鎖を何段階も遡《さかのぼ》り、考えられる病因をすべて頭の中で考え出してから、最善の治療方針を検討するものです。

ここまでの話をまとめると、高度な仕事といえば「専門性の高い思考」を要する仕事だと考えられがちですが、「深い思考」のほうが重要な条件だということです。先ほどの**図表4**でいえば、上半分ではなく右半分がこれにあたります。

ITシステムやAIソフトウェアに高度な専門知識を組み込めば、専門知識を定型的に適用する（つまり浅い思考でできる）業務はどんどん自動化・コンピュータ化されてしまいます。こうなると、どんなに高度な専門知識であっても、それを適用する仕事はなくなってしまうのです。

日常的なことを深く考えてみる

「専門的と日常的」という軸について、もう少し考えてみましょう。

これまで説明したように、「思考の深さ」は「専門性の高さ」とは独立しています。つまり、非常に高度な専門知識を使いながら浅い思考もあれば、ごく身近なことがらに誰でも知っている常識を適用しながら行う深い思考だってあります。

当たり前ですが、学歴が高いから深い思考をしているとは限りません。とくに日本の教育制度は明治維新以来、進んだ海外文明に効率的にキャッチアップすることを最優先し、深く考えることよりも、知識を記憶し、それを効率的に適用する能力を優先してきました。

これは先進国にキャッチアップするには非常に効率のいい教育方法でしたが、日本が世界の経済・文化の先頭集団にいるいま、日本の教育を「深く考える」方向に転換しないと、これ以上の発展は望めません。

話が少し大きくなったかも知れませんが、ともあれ、**深く考える能力を磨くためには、難**

しいことをたまに深く考えるより、常に日常的なことを深く考えるクセをつけるほうが有効です。

私は数年前、東京のどこかの駅で、ホームから改札口へと上がる階段を見て、ふと変なことに気づきました。階段の途中に手すりを設けて、昇り方向と下り方向の利用者の流れを左右に分けているのですが、昇り方向の幅が下り方向の3倍もあるのです。

こうした手すりはかなり前から多くの駅で設置されていて、それまで不思議に思ったことはなかったのですが、そのときは、なぜか心に引っかかりました。普通に考えれば昇りと下りの人数は同じはずなので（つまり、ホームから出る人数と入る人数は同じでしょうから）、昇りも下りも同じ幅にして階段の真ん中に手すりを設置するはずです。

少し考えてから、正解がわかったと思いました。

「昇りのほうが歩く速度が遅いから、幅が広いのだろう」。そう考え、それで納得したのですが、多分そのことが頭に残っていたのでしょう、翌日、別の駅で逆の例を発見しました。先ほどの駅では、階段はホームから上がる方向に設置されていたのですが、この駅では通路が地下にあるので、ホームから下る方向に階段がついていました。そしてこの階段では、下り方向の幅が昇り方向の3倍もあったのです。

これで私の当初の仮説が間違っていることが証明されました。では、通路の幅の差と階段の昇降の方向とは無関係となると、何が関係しているのでしょう？

もう少し考えて、「ホームから出る方向は幅が広く、ホームへ向かう方向は幅が狭い」という説明なら、2つの例が説明できることに気づきました。しかし問題は「なぜそうなっているか」です。ホームから出る人と入る人の人数は平均すれば同じはずですから、幅を変える必要はありません。


階段のところに立ち止まって「なぜだろう」と考えるうちに、次の列車が入ってきて、ドアが開き、多くの客が一斉にホームに出て、階段に集まってきました。そのときに私は、「ホームから出る人たちは、列車の到着と同時にまとめて来るけど、ホームに入る人は平均的なペースで来る」ということに気がつきました。

そこに気づけば、階段の上下の通路の幅は、「平均通行量」ではなく「ピーク通行量」に対応して設定してあることにもすぐに思い至りました。列車が着いてホームに人があふれると、危険な状態になります。だから「ホームから人を出す」ほうが、安全上でも列車の運行をスムーズにするためにも非常に重要なのだと気づきました。

この例は、私たちが日常で見る光景の中にでも、深く考えるきっかけはいくらでもあるということを示しています。まず私はちょっとした疑問を持ち、それに対して浅い思考で答えを考えましたが、それは間違っていました。そのため、より深く考えた結果、正解がわかったのです。

ここで考えていることは、哲学的でも、学術的でもありません。単に「なぜ階段を左右に分けるときに、幅を極端に変えているのか」ということに疑問を持っただけです。普通のビルやショッピングセンターの階段なら、階段を左右半分ずつに分けています。しかし、駅のホームの階段には、列車が到着するごとに団子状態で多くの客が殺到します。ホームに人があふれると危険なため、「ホームから出る方向」の幅を大幅に広くするのです。

こんな他愛のないことでも、浅い考えと、より深い考え（もっとも、この程度ではたいして深いとはいえませんが）ができるのです。

日常の中にも、深く考える材料は無数にある。

「深く考える」から「深く速く考える」へ

深く考えることが重要であるのと同じくらいに、速く考えることも重要です。

脳は速く考えるために、論理思考を経ずに結果を導く「直観思考」を多く使いますが、これは浅い思考で終わってしまう場合が多いのです。NM法という発想方法を考え出した中山正和氏は、『松下幸之助の直観力』という本の中で、「直感」と「直観」の違いをこう説明しています。

「直感の方は、外部からの刺激に対してカラダが自然に反応すること、直に感じると言うことで、虫が敏感に気候の変化を察知したり、人間がその場の不穏な『気配』を察知して逃げ出すようなことです。〈中略〉一方直観の方は記憶力を持っている動物、たとえばトリやケモノ以上の動物の特権で、何か新しい環境に直面したときに、過去に体験した記憶の中から、役に立ちそうな記憶が自動的に現れて行動を規制することをいいます」

中山氏がいうところの「直感思考」とは、動物的な勘のことで、視覚とか嗅覚といった感覚を使ってその場で得た情報から危険を察知する能力です。これは速い思考ですが、深い思考とはいえません。これに対して「直観思考」とは、過去に体験した記憶の中から、さまざまな知識を取り出し、組み合わせ、現在の状況に適合した新たな知識をつくり出すこと。これは深く速い思考であるといえます。

また、「失敗学」で有名な東京大学名誉教授の畑村洋太郎氏は、『畑村式「わかる」技術』という本の中で、「直観でわかる」ということを「飛躍思考」と表現しています**〈図表5〉**。

飛躍をしていても正しい判断ができるのが飛躍思考ですが、なぜそうできるかといえば、過去にそれに関して徹底的に

図表5　直観とはどんなものか？

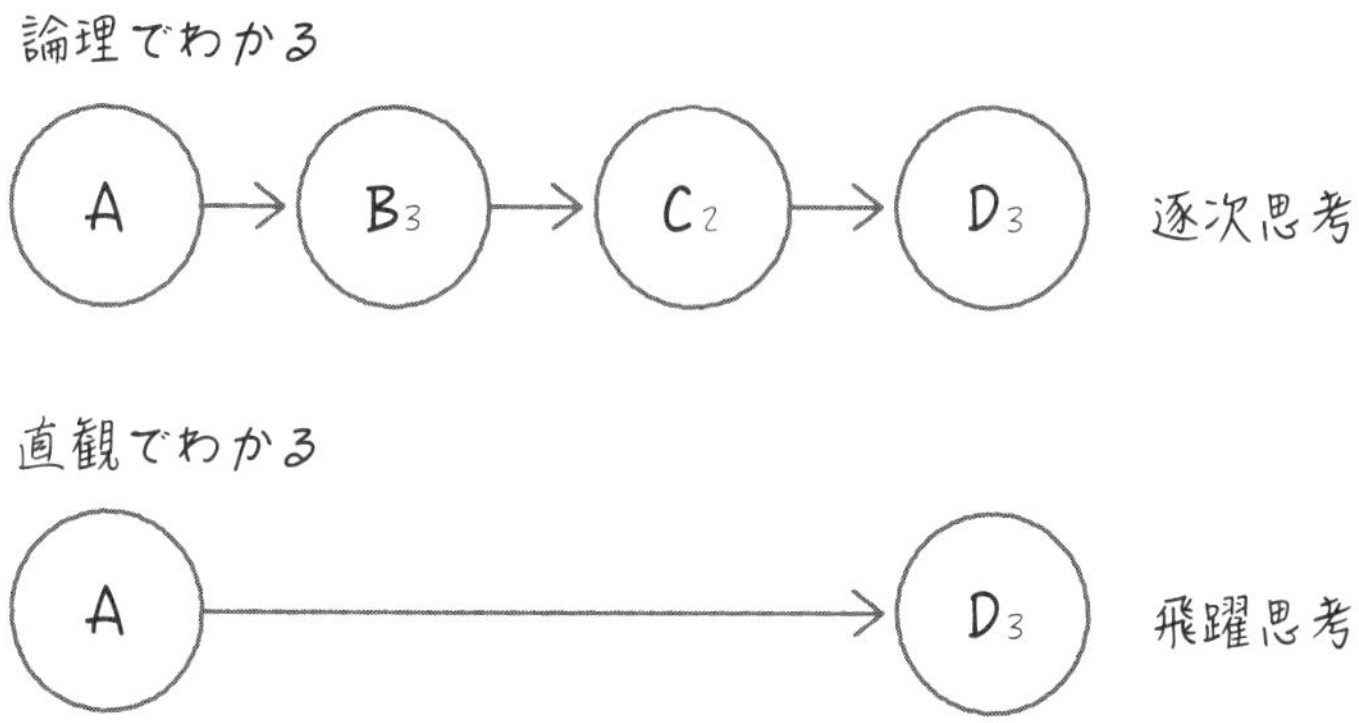

出典：畑村洋太郎『畑村式「わかる」技術』（講談社現代新書）

考え、実践したという「経験」があるからです。こうすることで、脳の中に新たな思考回路が出来上がって、無意識に猛烈な速度で考えることができるようになるわけです。

しかし、このような直観思考は、系統的に身につけることができないので、できる人とできない人の差が大きいのです。誰でも身につけられるわけではないし、直観思考のトレーニングも存在せず、あくまでも「道を究める」しかありませんでした。

私が提唱する「深速思考」のめざすところは、逐次思考を使うロジカルシンキング（論理思考）と直観思考の中間で、そのために重要なことは、ロジカルシンキングと直観思考の「いいとこ取り」をすることです。

図表6は思考を「抽象度」と「現実とのつながり」という2つの軸でとらえたものです。

ロジカルシンキングで複雑なものごとから最適解を得ようとすると、組み合わせが膨大になり過ぎるので、抽象化する必要が出てきます。しかし、抽象化すればするほど単純化され、現実とのつながりが少なくなってしまいます。そうなると「机上の空論」となりかねません。これが「抽象思考」であり、図の垂直方向に伸びる矢印です。

一方、「直観思考」は、現実とのつながりを保ったまま、意識の中では抽象化せずに無意識の中で思考する方法であり、図の中で水平方向に伸びる矢印です。これは深く速く考えることができるので、非常に優れた思考方法なのですが、先ほど説明したように身につけるのが難しく、人によってばらつきが大きくなります。

これらに対して私が提唱しているのが、図の右下から左斜め上方向に伸びる矢印で、「抽象化思考」と呼んでいます。

抽象化思考は、現実とのつながりをある程度保ちながら徐々に抽象度を上げていく思考で、そこが抽象思考との差です。この能力を強化する方法が、深速思考トレーニングの中核である、後述の「**因果関係マップ**」なのです（因果関係マップの例は**88ページ図表17**などを参照）。

図表6　現実とのつながりを保ちつつ抽象度を上げる

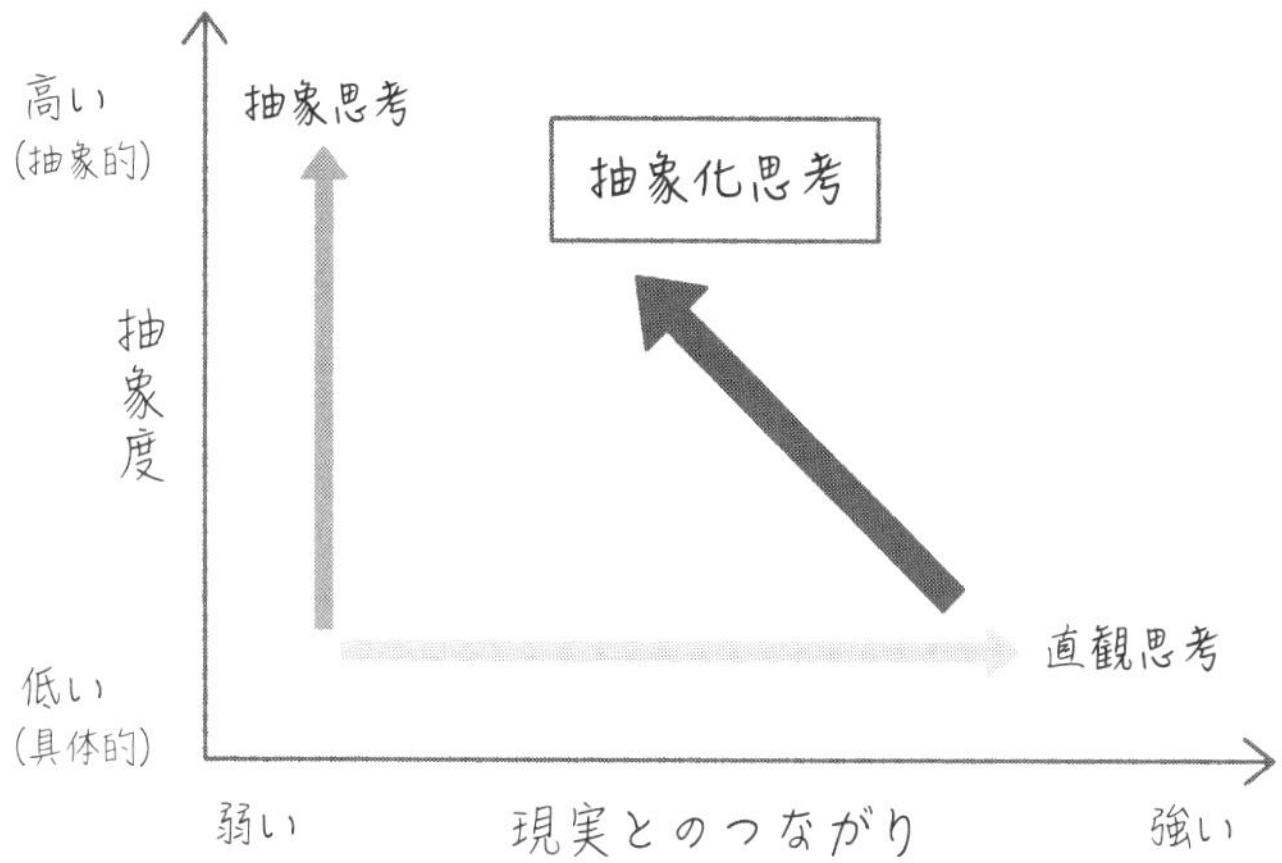

アマゾンの「秘伝のタレ」となった1枚の図

世界最大のオンライン小売企業として圧倒的な規模にまで成長したアマゾンの成功要因は、創業者のジェフ・ベゾスのぶれないビジョンと強引な実行力に負う部分が大きいといえます。

創業当初、同社は世界各地に物流センターを整備するために巨額の先行投資をしており、毎年赤字続きで、多くの証券アナリストから同社の経営に関して鋭い批判が出ていました。2001年、ITバブル崩壊の最中には、同社も他のドットコム企業と同様に倒産する危機にさらされていました。

ベゾスはある日、会員制ディスカウントクラブのコストコの社長から、同社が「低価格」という価値を顧客に提供し続けているため、会員数と会員1人当たりの年間買い物金額の両方が年々増え続けていることを知りました。そこで彼は、安易な値上げや投資削減、人員カットなどの利益増大策を取らず、「顧客価値を高めれば必ず成功する」という理念を貫き、無理してでもあらゆる商品を競争相手より安くさせました。

その後、会社の幹部を集めた合宿に、ベストセラー『ビジョナリー・カンパニー』シリーズの著者であるジム・コリンズを招き、『ビジョナリー・カンパニー2』の中で提唱されている「はずみ車」の考え方を説明してもらいました。

はずみ車とは、要するに「好循環」のことで、いくつかの要因が環状につながっており、循環するごとによくなる因果関係の構造のことです。

その話を聞いた後、ベゾスとアマゾンの幹部たちは、**図表7**のようなアマゾンの好循環構造の概念図を描きました。「価格を下げる→顧客のアクセス増大→売上増大→アマゾンで売るサードパーティー事業者増加→手数料収入増大→固定費回収額増大→さらに価格を下げられる」というふうに、好循環の因果がつな

図表7 アマゾンの「はずみ車」

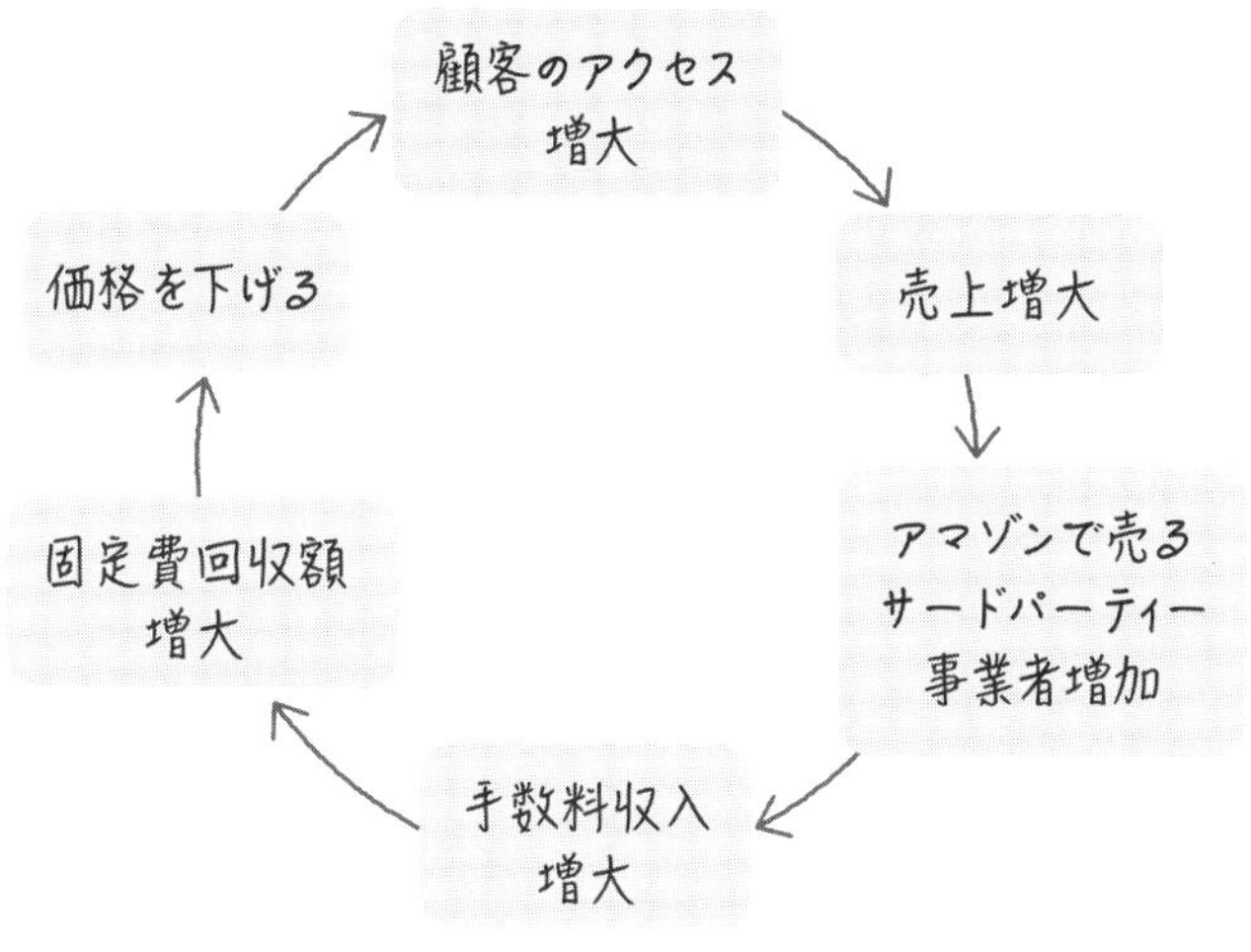

がっています。
このはずみ車のどの部分を加速させても、車輪の回転は加速します。アマゾンの幹部チームは、創業5年後にようやくこの図を通して自分たちの「ビジネスの原動力」の原理を知ったと感じたそうです。これはベゾスにとってはアマゾンの「秘伝のタレ」と映ったようで、この図を証券アナリスト向けのプレゼン資料に入れることを許可しませんでした。
こんな簡単な図が、アマゾンの幹部たちに大きな気づきを与えたというのは驚くべきことです。しかし、この気づきのおかげで、アマゾンはその後も価格を安くし、顧客サービスを向上することにぶれずに集中することができ、ライバルたちを押さえて、オンライン小売企業のトップの座を勝ち取りました。

はずみ車の図のように、本質を突いた因果関係の図は、何百ページもの文書よりはるかに価値があります。

ここで大事なのは、ベゾスがこの図でアマゾンのビジネスモデルを考え出したのではないということです。この図はベゾスが無意識の中で考え、アマゾンに5年間適用していたアイデアを見える化し、同社の戦略に「思想」として定着させました。これによって、アマゾン成長の原動力となった「好循環のしくみ」を同社の経営幹部全員が共有できるようになったのです。これこそが、たった1枚の「因果関係を示す図」の持つ威力です。
このような因果関係を示す図を、私は「因果関係マップ」と呼び、深速思考トレーニングの柱のひとつとして取り入れました。のちほど詳しく述べますが、因果関係マップには、「抽象化する」という側面と、「ものごとの構造を因果関係として表示する」という側面があります。

アイデアを借りて組み合わせる

アマゾンの幹部たちが描いた図は、同社のビジネスモデルの本質だけを抽出した、極度に抽象化したモデルです。これは、同社の戦略をぶれないようにする役割は果たしましたが、具体的な戦術の局面では抽象的過ぎます。複雑な事象の背後にある「深い構造」を素早く理解できたとしても、そこから現実に実行できる解決策を考えなければ、それは空理空論で終わってしまいます。

高学歴のいわゆる「頭のいい人」の多くは、既存の知識から適切なものを思い出すことは得意です。そのため、答えがわかっている問題の解決は得意なのですが、従来とは異なる状況で現実的な答えを出せないことが多々あります。こうした人材は、役所や大企業での、既定路線に沿った業務の計画や管理といった仕事は非常にうまいものの、起業など、新規事業の立ち上げなどはうまくできない場合が多いのです。

しかし、現在、成長の岐路に立たされている日本で「衰退」以外の道を選ぶとしたら、起業やビジネスモデルの革新に力を入れざるを得ません。そうなると「画期的であると同時に実行可能な案」をいかに考え出すかが問題になります。

イノベーションや発想法に関しては、「画期的アイデアは、何もないところから出てくるものだ」という誤解があります。しかし実際には、天才でも、ほかの誰か・何かからアイデアを借りて発想しています。

アインシュタインは「創造性の秘訣は、アイデアの源を隠すことだ」と言ったそうです。つまり、アインシュタインほどの天才でも、物理学以外の分野や他の学問から発想を借りてきて、それを組み合わせることで、物理学に革命を起こすようなアイデアを考え出せたわけです。「アイデアの源を隠す」とは、つまり、なるべく対象となる分野とは遠く離れた分野からアイデアを借りてくることで、アイデアを借りたこと自体を隠すことなのです。

たとえば、あるコンビニが、ほかのコンビニチェーンからアイデアを借りるのは日常茶飯事でしょうが、これは誰でも真似できますので競争優位性がありません。またコンビニ業界に限りませんが、多くの場合、「業界の常識」という思い込みが支配しているため、その範囲の発想しか出てきません。

しかし、アパレルやファストフードといったほかの産業から借りてくれれば、業界の常識から逸脱した、他のコンビニが考えにくいアイデアが出ます。さらには病院経営や学校といった「企業とは別の領域」、あるいは音楽や数学といった「まったく異なる専門分野」からアイデアを借りることができれば、より画期的な発想が生まれる可能性が高まります。

自分の分野からアイデアを借りてくることは模倣・盗作であり、それに対する反応は「そんなこと誰だって思いつくよ」です。隣接した分野からアイデアを借りてくることは斬新な発想であり、それに対する反応は「しまった、その手があったか」です。そして、まったく違う分野からアイデアを借りてくることは天才のひらめきであり、それに対する反応は「なんでそんな発想ができるかわからない」となるのです。

このように、**遠くからアイデアを借りてくるためには、大きく異なる状況の間の類似性を見抜く「アナロジー力」が重要**になります。

ロジカルシンキングはとても優れた思考方法ですが、「発想の広さ」という意味では限界があります。つまり、イノベーション度がそれほど高くない分野なら使えますが、革新性の高い発想に結びつけることは難しくなります。それゆえ、「解決策を遠くから借りてくる」という方法が有効なのです。要するに、同じ構造の問題を、ほかの誰かがどこかで解決しているなら、それを応用すればいいということです。

繰り返しますが、ただ借りてくるだけでは、日本が明治維新以来ひたすら実行してきた「アイデアをそのまま借りてくること」と変わりがなく、そこにイノベーションは生まれません。だからこそ、一見、無関係のように思える「遠くの領域」「まったく異なる分野」からアイデアを借りることが重要になるのです。

では、「遠くから借りる」の有名な例をひとつ挙げてみます。

遠くからアイデアを借りたドイツ軍

第1次世界大戦前のドイツは、東のロシアと西のフランスが1891年に露仏同盟を結んでいたため、両側から挟み撃ちになる危険がありました。そこでドイツ国内では、東西方向に多数の鉄道路線を敷設して、フランスとロシアから挟み撃ちになっても、大量の軍隊を鉄道で機動的に移動させることで防衛しようとしました。

ところが、鉄道は整備できても、「大量の軍隊を鉄道で短期間に移動するノウハウ」がありませんでした。そんな中、ドイツ軍の兵站《へいたん》（軍事作戦に必要な兵員や物資の輸送・補給などの支援活動）の専門家が、軍隊とはまったく関係ない分野からこの問題を解決するヒントを得ます。その分野とは、いったい何だったと思いますか？

それはなんと、アメリカのサーカス団だったのです。この兵站の専門家は、読んでいた新聞で「アメリカのサーカス団は専用編成列車を持ち、それを使って大量の団員や動物、巨大なテントなどの装備を一晩で他の町に移動して、サーカスを開催することができる」という記事を見つけたのでした。

当時のアメリカは広大な国土に町が分散しており（この点はいまもそうですが）、鉄道で結ばれてはいたものの、メディアが発達する前の時代で、田舎町の娯楽といえば映画とサーカスくらいしかありませんでした。アメリカのサーカス団は、特別につくらせた車両を使って、町から町へと鉄道で移動しながらアメリカ中を巡回していたのでした。

そこでドイツ軍は、直ちに専門家をアメリカに派遣し、サーカス団の鉄道での移動ノウハウを学んだといいます。巨大なテントを撤収し、猛獣を含んだ動物を貨車に乗せる様子を、ドイツ軍の専門家はつぶさに研究しました。とくに参考になったのは、サーカス団が用途別に専用貨物車両を開発していたこと。これはドイツ軍の常識の壁の外のアイデアでした。

ドイツ軍の兵站の専門家は、自分の問題をまず抽象化し、「大量の人や物資を短期間に撤収・移動・設営する」ことが世界で最もうまくできる組織を探し、そこでアメリカのサーカス団に行き着いたのです〈図表8〉。浅いアナロジーしかできないと、「軍隊がサーカスから学ぶことなんてない」とか「軍隊とサーカスではまったく事情が違う」と最初から決めつけてしまいます。

ドイツ軍がサーカス団から学ぶ利点はたくさんありました。まずサーカス団は、ドイツ軍と本質的に同じ構造を持った問題に、ドイツ軍の何十年も前から取り組んでいました。彼らのやり方には、長期間にわたる試行錯誤や創意工夫が反映されているため、現実とのつながりが深い解決策となっています。さらにはサーカス団は「軍隊の常識や思い込み」がないので、軍隊が考えるのとは異なる発想が出てきます。

「ベイビーステップ」が大きな飛躍につながる

すでに説明したように、直観思考はある領域で非常に多くの経験を積むことで得られる思

図表8 抽象と具体をつなぐ深いアナロジー

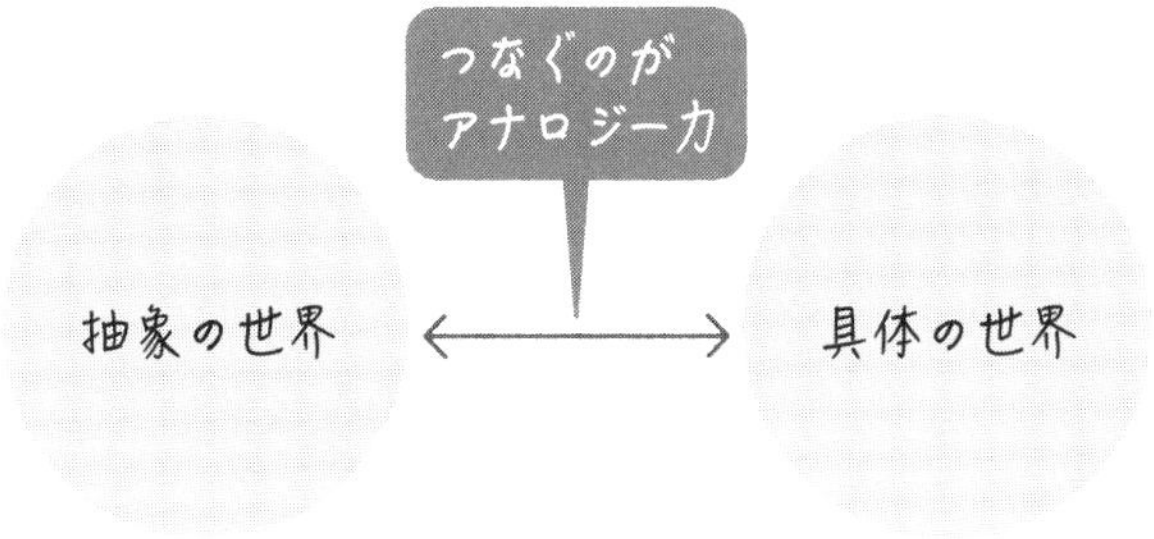

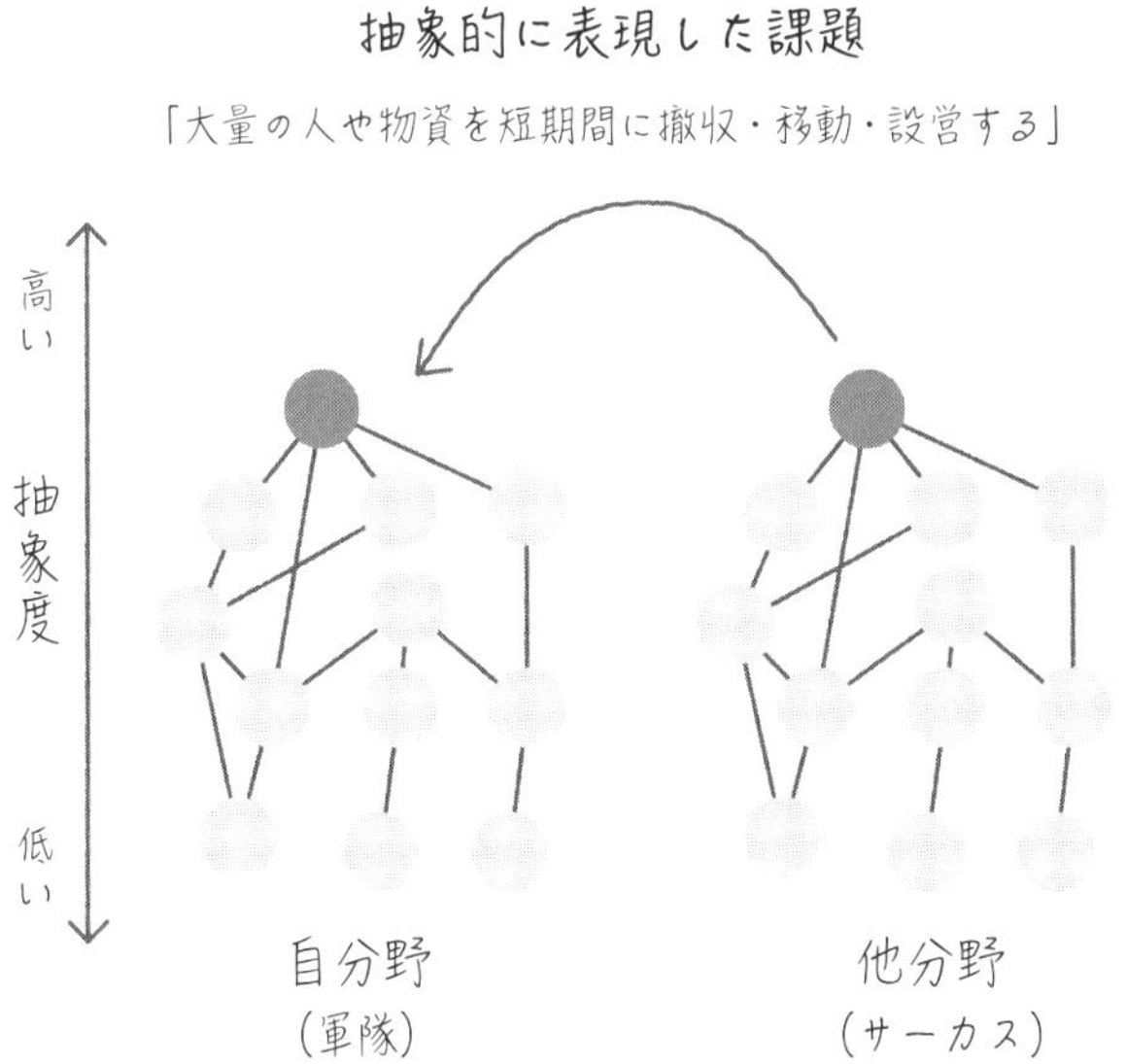

考能力ですが、それをより効率的に得る方法を考える上で、スポーツの世界からアイデアを借りてみましょう。

スポーツの世界では、選手の育成というと、かつては「地獄の特訓」や「しごき練習」といった、ひたすら厳しいトレーニングを繰り返す精神主義的な方法が主流でしたが、最近はスポーツ科学に根ざした、合理的なトレーニング方法が広まっています。

NHKでアニメとして放映されたこともある『ベイビーステップ』（勝木光／講談社）というマンガをご存じでしょうか。私はたまたまネット放送のアニメで見始めて、完全にはまってしまい、全編を視聴しましたが、その理由は、このストーリーが「イノベーションの秘訣」を示唆していたからです。

あらすじは、小学校のころから成績がオールAのまじめで勉強熱心な高校1年生が、ひょんなことから本格的にテニスを始め、3年生で全日本ジュニア大会に出場するまでに成長するというものです。そのキモは、**「ベイビーステップ（幼児の歩みのように、ゆっくりだが一歩一歩、着実に進んでいくこと）」で毎日、自分の限界の〝ちょっとだけ外〟にいくようなトレーニングを継続すれば、とんでもない選手に成長する**という点です。

ストーリーの中には、生まれながらに天才的な運動能力を持っていたり、親がテニスクラブを経営しているので幼少時から特訓を受けていたりというライバルたちが現れます。高校1年生からテニスを始めた上に、運動能力もそれほど高くない主人公が、そうしたライバルに打ち勝って栄冠を手にする様子が、この作品の魅力のひとつといえるでしょう。作者自身もテニス経験者だそうで、作中のさまざまなトレーニング・戦術・テクニックについては、しっかりとした裏づけや取材に基づいて描かれているといいます。

このアニメで描かれている上達の秘訣は、次の3つです。

①すべての試合で相手と自分がどんなコースに球を打ったかといったことをノートに克明に記録し、試合中に過去の同じ相手との試合のノートを読みながら戦略を練る。

②試合のセットごとに、うまくいかなかったことの理由を深く考え、その結果を次のセットですぐに実行するという「PDCAサイクル」を非常に速く回す。とくに、いままでできなかったことが、ちょっとでもできたときは、そのときの感覚を思い出し、それを再現する方法を模索する。つまり、従来のようにただ闇雲に練習するのではなく、内省によって深く考え、次の練習や試合にフィードバックしている。

③トレーニングでは、必要ながら非常に達成の難しい具体的な目標を設定し、毎日練習しながら少しずつそれに向かう。主人公は身体能力が劣るので、打球の強さでなく正確さで勝

負せざるを得ない。それなら、いまは相手のコートを16分割したくらいの精度のショットしか打てないのを、64分割した領域のうちの狙ったところに必ず打ち込めるように訓練しようと考える。そうして来る日も来る日も練習すると、少しずつその目標に近づいていく。

これはイノベーションでもまったく同じことです。

スティーブ・ジョブズのような天才なら、天賦の才能で大きく飛躍した発想が一度にできるかも知れません。しかし、天才でなくても、「小さな発想の飛躍」を日々、繰り返せば、天才しかできないと思われてきたイノベーションを起こすことができます。

重要なことは、**小さくても構わないので毎回「常識の壁」を超えた発想をすること**です。

残念ながら天才的な直観力があるわけではない普通の人が「常識の壁」を越えるには、深く、速く考える必要があります。深速思考は、われわれ凡人でも天才のようなイノベーションができるようにすることも狙いのひとつです。

脳を毎日「ちょっと困らせる」ことの効果

深速思考で発想力を徐々に高めるイメージを示したものが**図表9**です。図の左上は、人は

図表9　繰り返し、脳を「少し困らせる」ことで思考力を鍛える

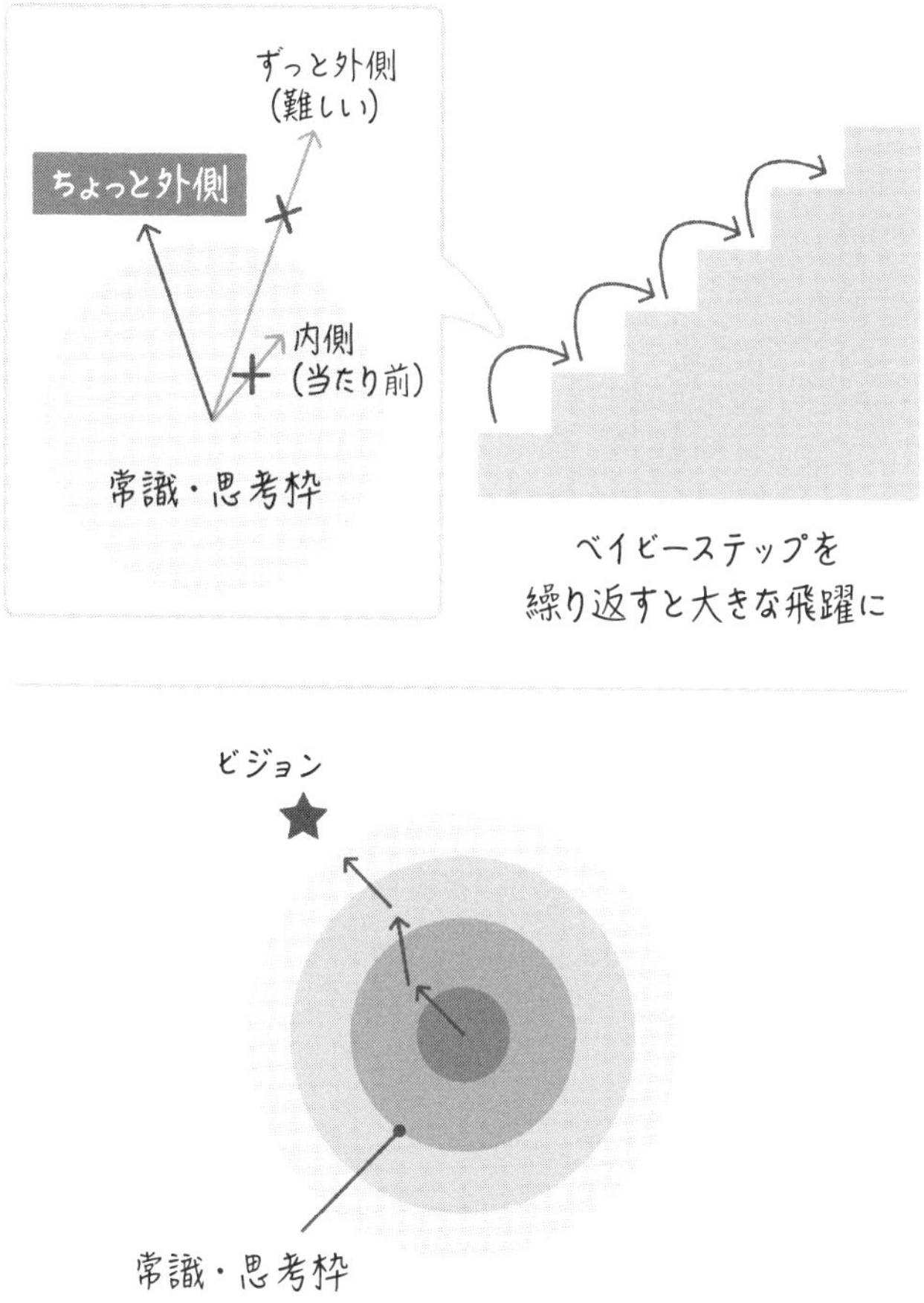

通常は常識や身についた思考方法の枠の中でしか考えられないということを示しています。

この枠のずっと外側を発想するのは非常に難しく、いくら一生懸命に考えても、挫折するのが関の山です。一方で、すでに身についた思考方法の内側でいくら考えても、当たり前のアイデアしか出てきません。

しかし、脳に少しプレッシャーをかければ（つまり困らせれば）、普通の人でも、常識や身についた思考方法の「ちょっと外側」の発想をすることはできます。われわれ凡人がイノベーションを起こすには、絶対不可能と思われるような長期目標（いわゆるビジョン）を掲げながら、自分の思考の枠のちょっと外側にあるアイデアを考え、そうしたトレーニングを続けることが必要なのです。

昔から「継続は力なり」とか「千里の道も一歩から」といいますが、重要なことは、一歩一歩が「常識のちょっと外側」に出ていること。こうして大きなビジョンをめざして毎日、常識の少しずつ外側に出る思考を続けると、**図表9**の下側のように、常識や思考枠の範囲が少しずつ広くなっていきます。1年これを続ければ、自分でも驚くほど思考の枠が拡大しているはずです。

ここまでの話をまとめると、常識の外側に出るためには、深く考えることが重要であり、毎日継続するためには、速く考える必要があります。常識の枠から大きく外に出るには、天才の直観力が必要ですが、少しだけ出るなら、凡人でもトレーニングすればできるようになります。

これらは深速思考のトレーニングのコンセプトでもあります。

まず深く考えるために、因果関係を図にする「因果関係マップ」や、アイデアを遠くから借りるという「アナロジー思考」の基礎訓練をします。そして、トレーニングを効果的にするために、思考の壁の「ちょっと外」に出ることが必要な問題を解きます。つまり、問題の難易度を徐々に上げていきます。

これによって、あなたの思考の枠はちょっとだけ広がります。それは階段の一歩を上がったようなものです。1回1回の思考能力の向上は小さなベイビーステップかもしれませんが、それを継続すれば、大きな飛躍につながるのです。

毎日、常識の「ちょっと外側」に出る思考を続けると、思考枠の範囲が少しずつ広がる。

思考のヒント②

行列の並び方

日常的なことに疑問を持ち、分析する例をひとつ取り上げてみましょう。それは「行列の形」です。

スーパーでも銀行でも、たくさんの客が来るところでサービスを受けるには、行列に並ばなければなりません。行列には、図のような2つの方法があります。左側はそれぞれの係（レジとか窓口）に対して行列する方法で、右側は行列を1本にまとめて、次に空いた窓口に行く方法です。

考えてみると、昔はほとんどが左の方法でした。しかし、いまではほとんどが右側の1本の行列になりました。複数の行列のままなのはスーパーのレジです。

銀行のATMは、以前から右側の1本行列でしたし、最近ではコンビニやドラッグストアもこの方法を取り入れ始めています。銀行の窓口や携帯電話ショップではまず番号札を受け取って順番を待ちますが、つまるところ、これは右側の1本行列と同じしくみです。

それでは、「なぜほとんどの店で行列が1本になったか」と、「なぜスーパーでは、いまでもレジごとに並んでいるのか」を考えてみましょう。

まず1本になったことで、列ごとの進むスピードにばらつきがあっても、並び始めた時間順に順番がくるので、客のストレスが減ります。レジの処理時間は買い物点数やレジ係の習熟度で変わりますし、銀行の窓口業務は内容によって大きくばらつきます。行列が1本になることで、「後から並んだ客に先に順番がくる」とい

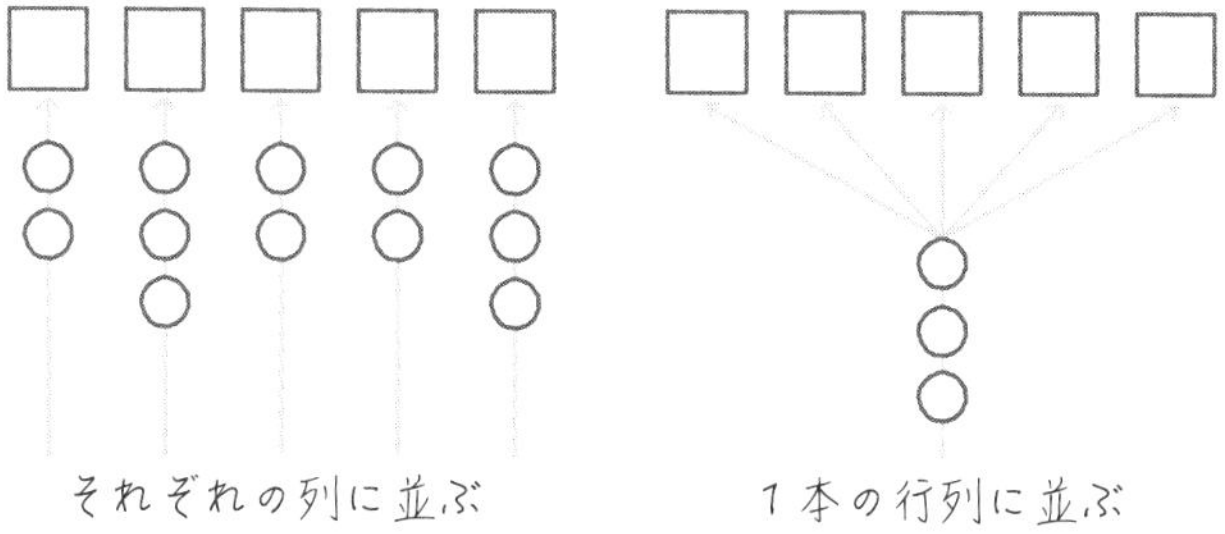

う不公平感を生み出す状況がなくなるのが一番のメリットです。

それでは、スーパーではなぜレジごとに列ができるのでしょうか？

スーパーの場合は、コンビニに比べて1人当たりの買い物量がはるかに多く、時間もかかるので、多くの客が並ぶことになり、行列を1本にすると、場所を取り過ぎて売り場が狭くなってしまうからだと考えられます。

第2章

「深速思考」の基本と精度の高め方

深速思考の基本原理を押さえる

この章では、深速思考の基礎を身につけます。

図表10は、深速思考の基本原理を図で示したものです。深速思考の狙いは、現状の問題点を、常識の限界の外にある斬新な発想で解決すること。そのための第一歩は「現実をよく観察すること」です。

図の上側のグラフは第1章で出てきた**図表6**を詳しくしたもので、横軸が現実とのつながりの強さ、縦軸が抽象度の高さを示しています。現実をありのままに詳しく観察すると、現実とのつながりが非常に強く、あまり抽象化されていない情報が得られます。これがグラフ中の①です。それをいきなり抽象化するのではなく、因果関係を取り出し、構造を明らかにするために因果関係マップ（グラフ中の②）をつくるのが、「抽象化思考その1」と呼んで

図表10 「深速思考」の全体像

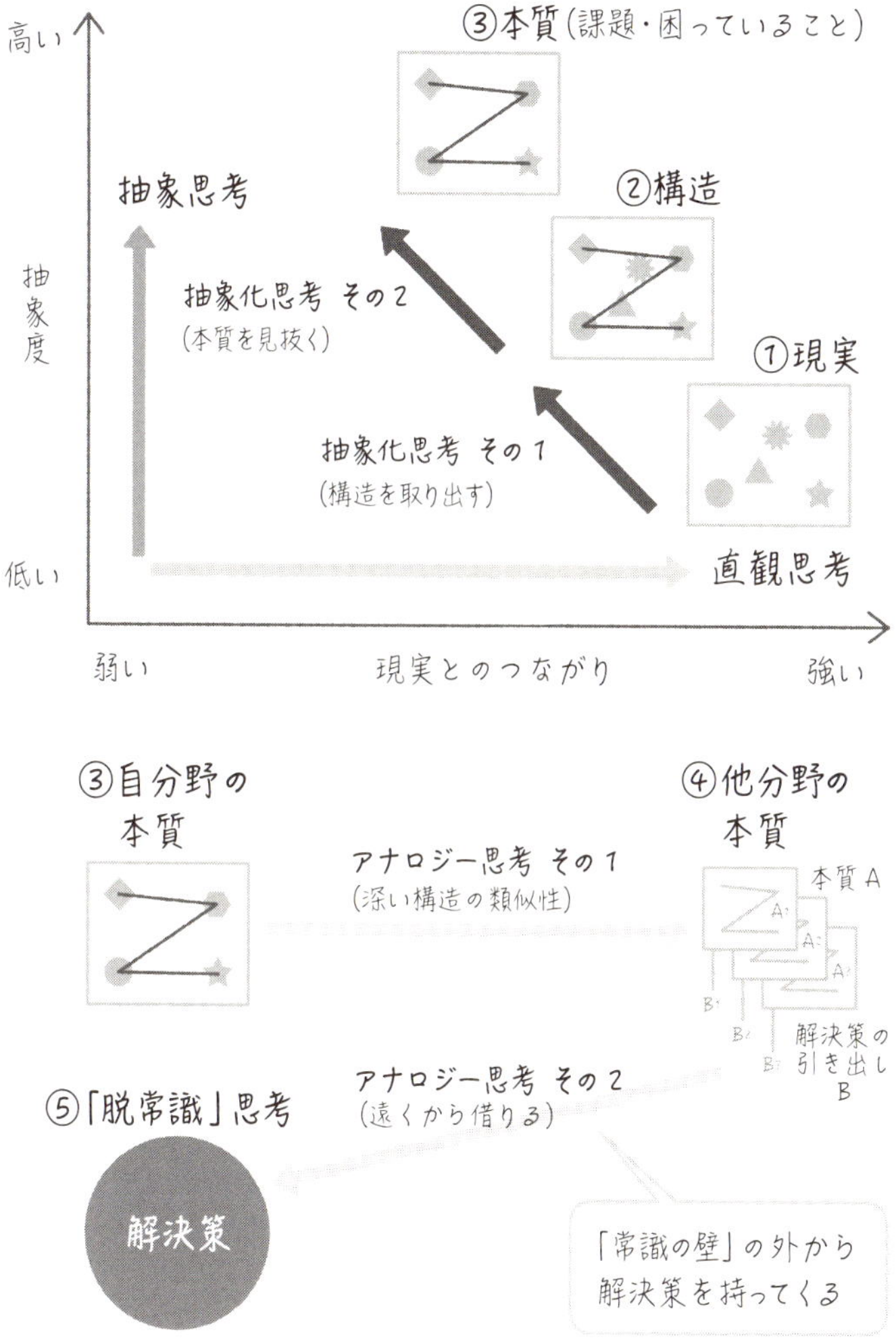

いるトレーニングです。

因果関係マップは、現実の要素で因果関係に影響しないものを省き、要素の間の関係を図で示したものです。次の段階は、因果関係マップの要素数をさらに減らすことで、より抽象度を上げたマップ（グラフ中の③）をつくる「抽象化思考その2」と呼ぶトレーニングです。これで現実の問題の「本質的な課題」がわかります。

本質的な課題がわかれば、それだけで解決策が自ずとわかる場合も多いのですが、もしも本質的課題が職場・企業・業界の常識の枠内では解決できない「絶対不可能な課題」である場合は、アナロジー思考を使って「遠くから借りる」必要があります。これが図の下側です。③で抽出された本質的課題と似た構造の課題④のAを、なるべく遠い分野から探してきて（アナロジー思考その1）、その解決策Bを自分の状況に適用します（アナロジー思考その2）。こうして自分・自社の分野で「脱常識」のアイデア⑤を考え出すことができるのです。

この話は、具体的な例を出したほうがわかりやすいでしょうから、序章で出てきた2つのクイズの例で考えましょう。

図表11をご覧ください。最初のクイズは腫瘍の治療に光線を使うという話でした。腫瘍を破壊できるレベルまで光線を強くすると、腫瘍に到達するまでの組織も殺してしまい、患者

図表11 2つの事例を抽象化する

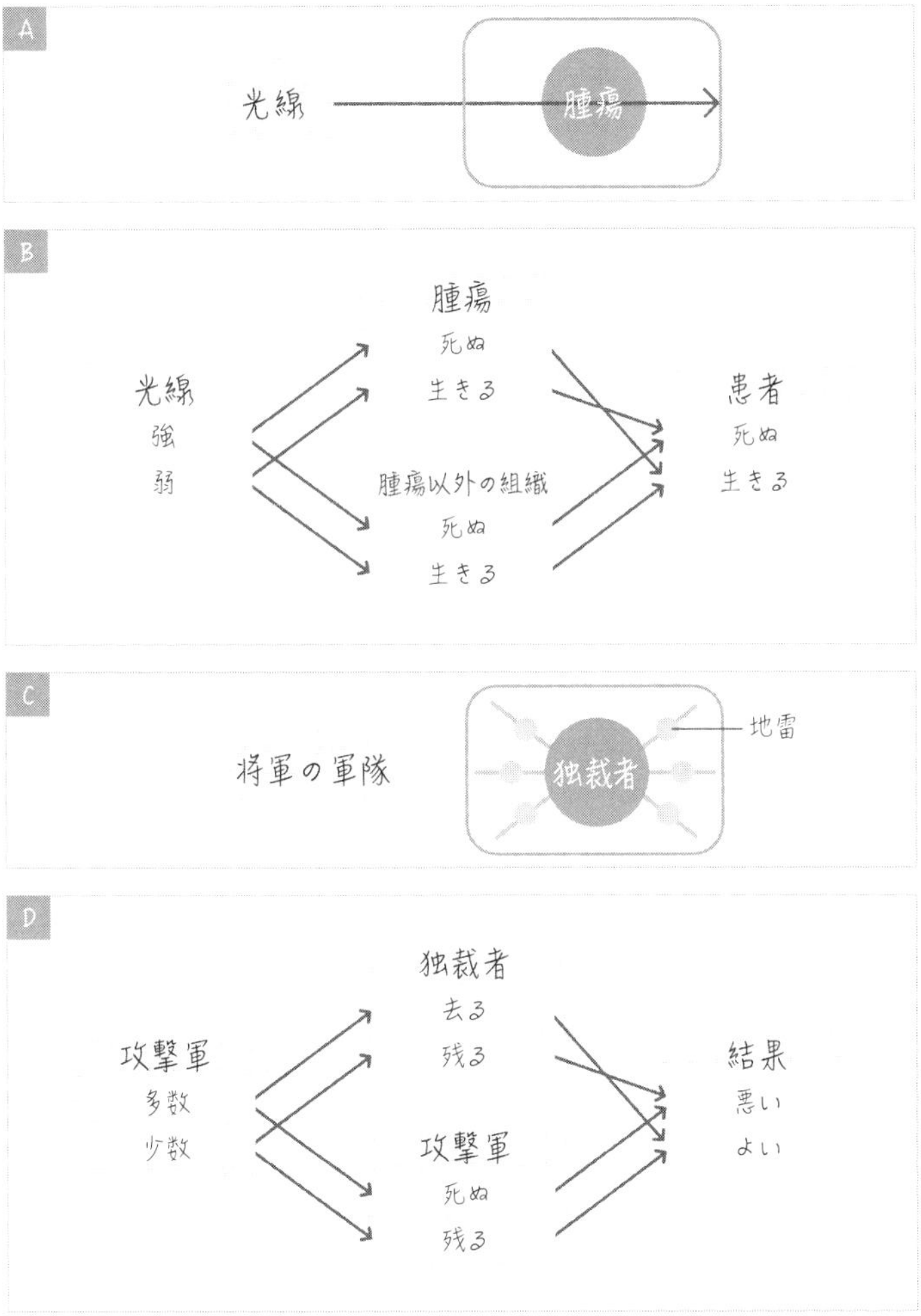

が死んでしまいます。一方で途中の組織が死なないように光線を弱くすると、今度は腫瘍が破壊できませんから、患者はやはり死んでしまいます。この状況を描いたのが**図表11**のAです（**図表10**の①に相当）。この状況の構造を図にするとBのようになりますが、これはAの因果関係を示した図ともいえます（同じく**図表10**の②に相当）。

これをさらに抽象化したのが**図表12**です。この問題は因果関係を図にしただけでは解けないほどの難問です。この難問を解く発想を得るために、遠い領域からアイデアを借りるのです。国の中央の要塞に立てこもった独裁者を倒す問題の構図を示したのが**図表11**のCで、その因果関係を示すのがDです。

Dをさらに抽象化すると、これも**図表12**になります。つまり2つの問題は同じ「深い構造」を持っているのです。そうなると、一方で有効な解決策は、他方でも有効

図表12 さらに抽象化度を上げる

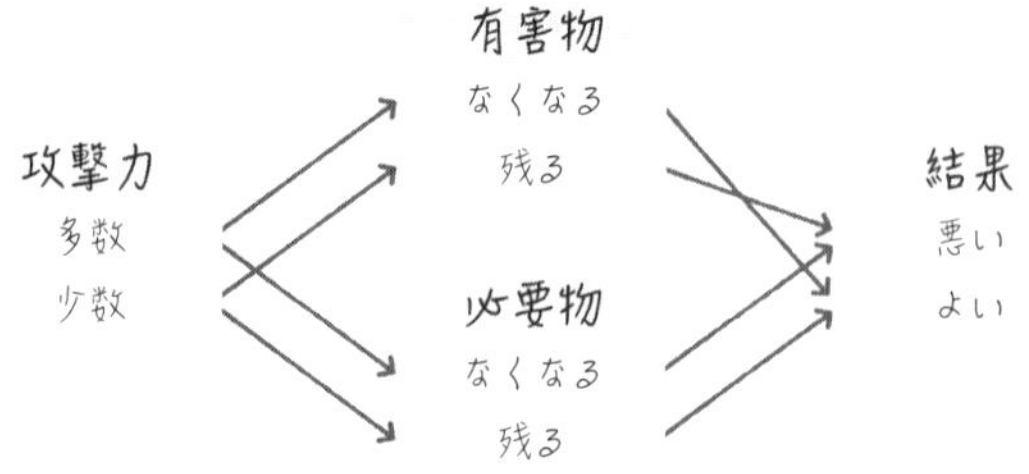

なはず。つまり「遠くからアイデアを借りる」ことができるのです。

たとえば2問目のクイズに対して、「将軍は自軍を複数の部隊に分け、異なる方向から要塞を攻めて独裁者を倒せばいい」という答えがすでに出ていたなら、クイズ①はその答えを腫瘍治療の状況に当てはめればいいことになります。


深く速く考える能力を効率よく高めるには、気合いと根性ではなく、人間の脳の特性を利用すべきです。

人間の脳の回路は、子ども時代にだいたい出来上がり、大人に成長した後はほとんど変化しないと広く信じられているようですが、最近の研究によって、脳回路は何歳になっても変化していることがわかってきました。要するに、深く考えるように脳回路を変えることができれば、より速く、効率的に考えることができるようになります。問題は、どうすれば「深く考える」ように脳回路を変えられるかということです。

ここでは、野球などのスポーツのトレーニング法とのアナロジーを使って考えます。

野球をまったくやったことのない初心者に、いきなり練習試合をさせても上達しません。まずは野球に必要なスキルを「投げる」「捕る」「打つ」「走る」などの基本動作に分解し、それぞれで基礎トレを徹底的に行います。次にコンビネーションプレイのトレーニングを行い、そこでようやく練習試合を行うのが適切でしょう。

61ページで出てきた**図表9**は、深速思考トレーニングの基礎トレの継続効果を示す図でもあります。

それぞれの演習問題は、図の左上のように、受講者の思考方法のちょっと外側に出ないと解けません。そのため、演習問題を解く際に自分の思考方法の壁にぶつかり、そこで深く考えざるを得なくなります。受講者からは「普段は使っていない脳の部分を使った」という感想が出ることが多いのですが、その原因はここにあるのです。

基礎となるのは「抽象化」の能力

前節で説明したように、深速思考はまず現実をありのまま観察し、そこからいきなり高い抽象レベルに上げる代わりに、少しずつ抽象化することから出発します。これが抽象思考の代わりとなる「抽象化思考」です。

抽象化思考とは、別の言い方をすれば構造化——つまり「ものごとの背後にある深い構造を見える化する」ということです。序章の心理学実験の話でも触れたように、人間の脳は、深い構造よりも、表面的なことがらに注目してしまうというクセがあります。抽象化思考は、「どうしたらいいかわからない」という困った状況でしか使おうとしません。そこで深速思考では抽象化思考の集中的なトレーニングから始めます。

ものごとの深い構造を見える化する方法としては、**図表13**のように、大きく分けて「ツリー図」と「ネットワーク図」があります。

向かって左側の**ツリー図は、ものごとを分解していく際に有効**です。たとえば製品の基本機能から出発して、それを階層的に分解していく場合などです。

たとえば懐中電灯なら、根本の機能は

図表13　深い構造を見える化する2つの図

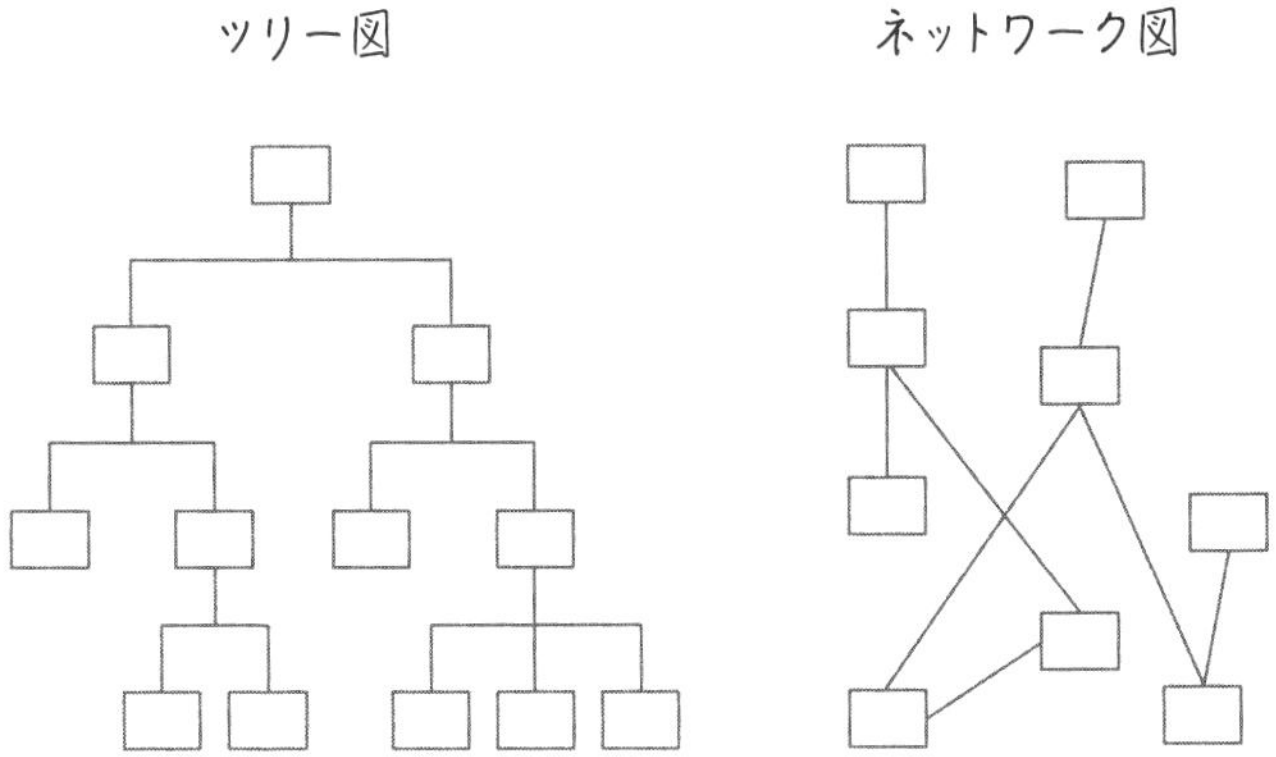

「前方の限られた領域を照らす」であり、その次の階層は「光を生み出す」と「光を前方の狭い領域に投影する」に分けられます。「光を生み出す」という機能は「電気エネルギーを蓄えておく」と「電気エネルギーを光に変える」と「電気をオン・オフする」などの機能に分解できるでしょう。

　このように、ツリー図は木の枝のようにどんどん枝分かれしていきますが、別々に分かれた小枝を横に結びつけることはできません。

　ツリー図はロジカルシンキングで多用されますが、それはものごとをロジカルに分解していき、その項目がお互いに重複がなく、かつ、それが全体として検討したい領域をすべて網羅している（これを「MECE《ミーシー》」と呼びます）かどうかを調べることで、ものごとを系統的に検討する手助けになります。

　これに対してネットワーク図は、ものごとを要素に分解し、お互いに関係がある要素間を結びます。そのため、**ネットワーク図は因果関係などを表現するのに適しています**。ツリー図とネットワーク図はそれぞれ長所と短所がありますから、目的に応じて使い分ければいいでしょう。深速思考では因果関係マップを使いますが、それは筆者の経験上、これが抽象化思考をする上で一番役に立つツールであることを見出したからです。

因果関係マップとは、前述のように「ものごとの因果関係」を図で示したものです。因果関係図と呼んでもいいのですが、私たちの思考の方向性を教えてくれる地図（マップ）として役に立つことから、こう呼んでいます。

筆者は2種類の因果関係マップを使っています。ひとつは「原因」と「結果」を矢印で結んだ図です〈**図表14**〉。これは多くの人にとって最もわかりやすい表現方法でしょう。深速思考では、原因と結果は四角の箱に入れることにしています。

もうひとつのマップはお互いに影響し合う「変数」間を結んだ図です。変数とは「変化でき、量として表現できるもの」で、深速思考では円の中に入れることで、原因や結果と区別します（変数の因果関係マップに関しては後で詳しく紹介します）。

因果関係を示すマップは、歴史上の出来事を表現する場合によく使いますし、変数を示すマップは、製品の特

図表14 「原因」と「結果」を矢印で結ぶ

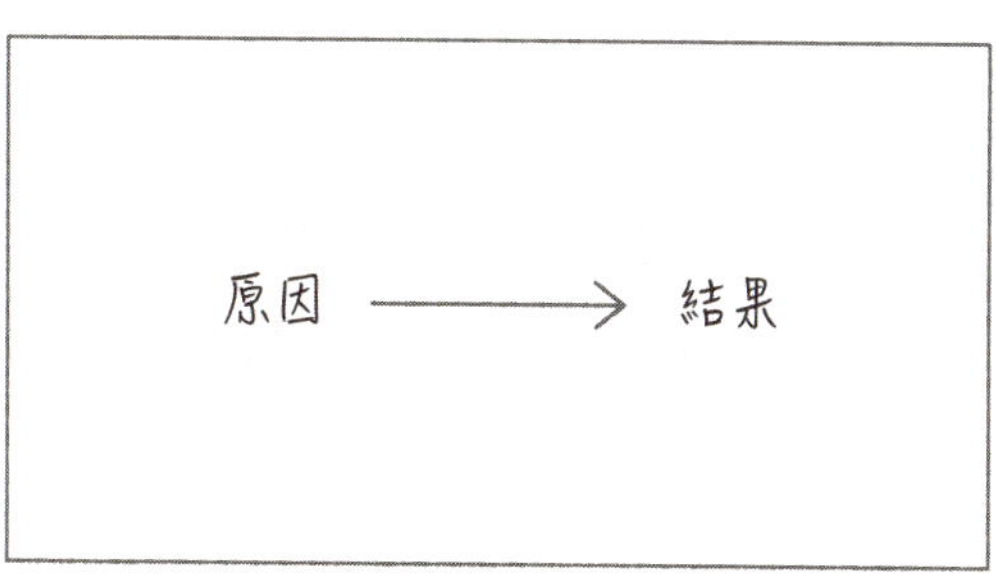

性を示すマップによく使います。とはいえこの2種類のマップは、基本的にどの場合にも使えます。

因果関係マップは、深速思考の基礎部分。野球でいえば、投げるとか打つといった基本動作のひとつです。

因果関係マップのトレーニングは、適度に複雑な情報（A4判の紙で1枚前後の文章）を読み、それを「概念の塊」に分解して、「要するにこういうことを言っているんだ」と理解し（抽象化）、「この塊とあの塊がつながっている」と因果関係を発見して、図にするという訓練です。

次の章では、いよいよ実際に「因果関係マップ」を描く方法を解説していきます。

因果関係マップは、深速思考の基本動作のひとつ。

思考のヒント③

カニ漁船の事故を防いだ脱常識思考

旧ソ連時代のロシアで、北太平洋のカニ漁船に深刻な問題が起こっていました。マイナス数十度の気温で、波風が強い日に漁をしていると、船体にどんどん氷が付着して、船の重心が上に移動し、ついに転覆してしまうのです。多くの漁船と船員の命が、このような転覆事故で失われました。

この非常に深刻な問題を解決するために、多くの専門家が動員され、知恵を絞りました。まず漁船のエンジンの熱を使って、加熱した温水を氷にかける方法を試したのですが、熱の量がまったく足りずに「焼け石に水」の状態でした。エンジンとは別に燃料を燃やして水を加熱しても、まったく熱量が足りません。

そんな中で、ある人が、船体に氷が付着するメカニズムを頭の中で考えました。

船体につく氷は直接、海水が凍ってできるのではなく、高い波と強い風によって海水の一部が水しぶきとなり、それがマイナス数十度の大気に冷やされて一瞬で氷の粒になります。それが風で船体上の氷の壁に付着し、どんどん厚くなるのです。

考えてみれば、海水の温度はせいぜいマイナス数度ですが、船体に付着した氷の温度は大気と同じマイナス数十度です。氷を溶かすには一定以上の熱量が必要ですが、水の熱量は「温度差」に「水の量」をかけたものです。海水の温度は、低いといっても氷より数十度高温で、しかも周りに無尽蔵にあります。

そこで考え出したのが「海水をポンプで汲んで、船体にかける」という方法でした。かける海水が水しぶきのような小さな粒にさえならなければ、大気の低温で凍結することなく、船体に付着した氷を溶かすことができたのです。

他の専門家は、「この問題を解決するには海水を加熱しなければならない」という常識の壁・思い込みにとらわれていたといえます。ブレークスルー発想ができた人は、問題の構造をイメージに描いて、解決のヒントを探したのです。

第3章

「因果関係マップ」のつくり方

因果関係マップをつくる5つのステップ

それでは、まずは本や記事などを読んで、そこから因果関係マップをつくる基本的な手順を説明します。それ以外の情報源でも、基本的には同じ考え方が使えます。

主なステップは、次の5つです。

①塊を探す
②塊から要素を取り出す
③要素にラベルをつける
④ラベルから塊と塊の関係を見つける
⑤塊同士の関係（全体構造）を図にする

まず文章を読む際に、その中の「塊」を探すように意識してください。本や記事は章や段落に分かれていますから、それを手がかりにします（①）。

次に、塊の中から重要なものだけを取り出して、それに「ラベル」をつけます。ラベルはその塊の内容を端的に表現したもの、つまり塊を抽象化したものです（②と③）。

ラベルづけができたら、ラベルだけをざっと読んで、塊と塊の関係（通常は因果関係です）を発見します。塊の間の関連こそが、この文章の全体構造です。これが因果関係マップの中身です（④と⑤）。

序章では、患者の腫瘍を光線で破壊する方法と、独裁者が立てこもっている要塞を攻め落とす方法をクイズとして挙げて、「人間の脳は抽象化が苦手だ」という話をしました。そこで説明したように、人間の脳は、表面的な細かいことに気を取られてしまい、深い構造が見えなくなりやすいものです。因果関係マップをつくることは、この「脳の欠陥」を乗り越えて、深い構造を見えるようにする訓練なのです。

それではまず、エンターテインメントの分野のネタを例にして、因果関係マップをつくる「慣らし運転」をしてみましょう。

「AKB48の成功要因」を因果関係マップにまとめてみる

いまや「国民的アイドルグループ」といえばまず名前が挙がるのがAKB48。彼女たちの成功をもたらしたユニークな取り組みとして、たとえば次の6つが挙げられます。

①A、K、Bの3チーム各16人、合計48人という非常に大人数のメンバーがいる。
②1軍に加えて2軍（研究生）を用意し、1軍のメンバーが出演できないときには、2軍のメンバーが出演する。そこで頭角を現した人は1軍に昇格する道があり、それが1軍メンバーに対するプレッシャーにもなっている。
③秋葉原に専用劇場を持ち、毎日ライブの公演をしている。この「いつでも会えるアイドル」ということがファンにウケている。
④ファンが投票する「選抜総選挙」でメンバーの得票数が公表され、それで次の新曲のセンターになるメンバーが決まったりする。
⑤メンバーには強いプレッシャーがかかり、競争意識が高まるので、みんな必死に厳しい練習に耐える。

⑥メンバーは、従来のアイドルに比べて芸があまり上手ではない状態から出発するが、どんどんうまくなり、その成長を公演などで見ることも、ファンにとって大きな魅力になる。

みなさんはこれらのうち、どれくらいのことを知っていましたか？　①〜⑥以外にも、ＡＫＢ48は多くのユニークな取り組みを試みていますが、ここではこれくらいにしておきましょう。

さて、こうした特徴を列挙するだけではなく、その因果関係を解明していきましょう。まずは**図表15**の左側をご覧ください。

図表15　競争させつつ毎日の公演でファンを増やす

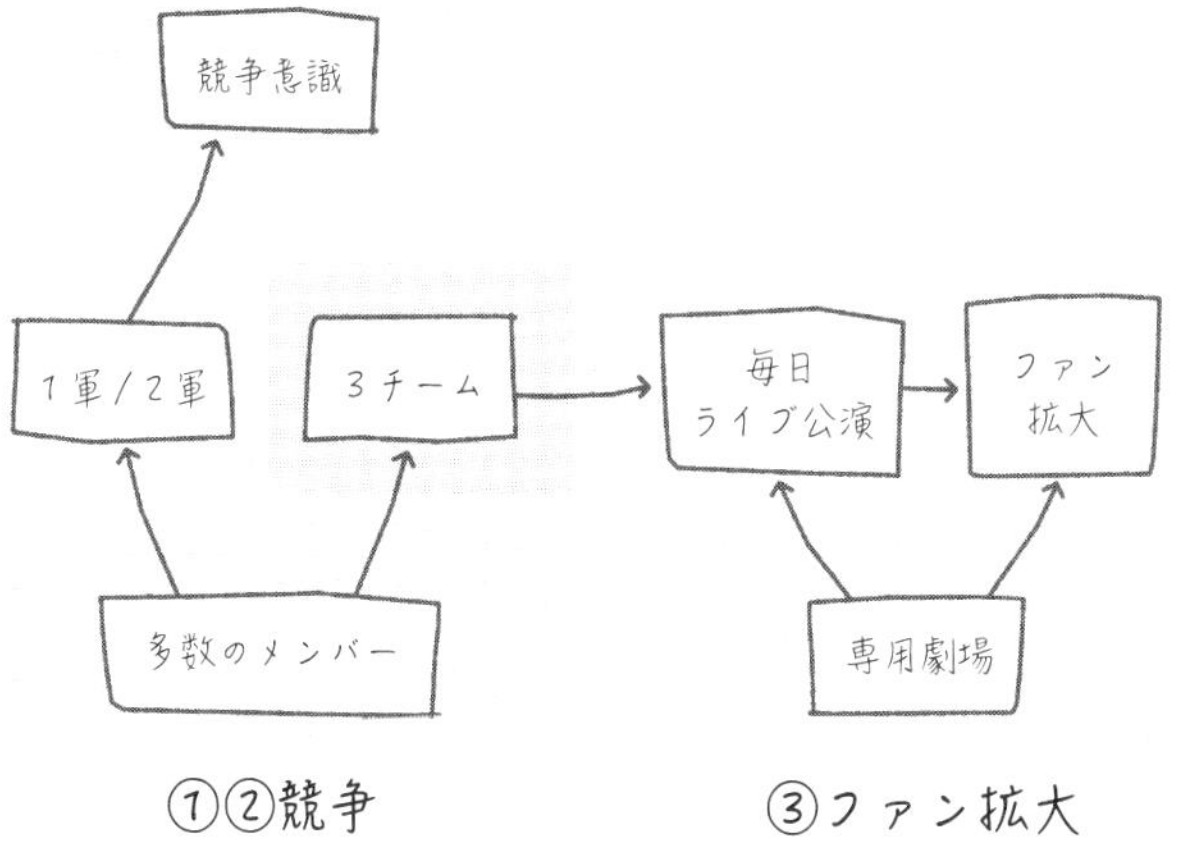

この部分は、①と②からいえることを図で示したものです。48人という大勢の1軍メンバーに加えて2軍までいるという大所帯。チーム間のライバル意識もありますし、2軍のメンバーに地位を奪われるという危機感もありますから、当然、競争意識が高まります。また、③のように毎日ライブ公演をしていて、「いつでも会えるアイドル」というコンセプトで多数のファンを惹きつけているわけですよね。専用劇場で毎日公演するからファンが拡大するのです。

これができるのは専用劇場があるからですが、それだけではありません。1チームしかなければ、毎日の公演は無理。3チームあるからこそ、専用劇場で毎日、公演ができるのです。それを示したのが**図表15**の右側、「ファン拡大」とまとめた部分です。

次に④の選抜総選挙はどうでしょうか。これによって、まずファンは新曲のセンターになるメンバーに投票できますから、単に公演を観るだけでなく、人選の部分にも参加できるわけです。選抜総選挙の各チームメンバーへの影響としては、一度勝ち取ったセンターの位置が選挙で失われる可能性もあるわけですから、これも競争意識を高める効果があるでしょう。これらを示したのが**図表16**の下側です。

最後に⑤と⑥です。こうした取り組みで競争意識が極めて高くなる結果、メンバー全員が猛練習を重ねて、下手な状態からどんどんうまくなっていきます。

長期間、公演に通い続けるファンにはメンバーの成長を見守るという楽しみや一体感が生まれます。それがファンの定着につながり、売上が安定して成長していきます。これを示したのが、**図表16**の上側です。

これらを1枚のマップにまとめたのが、**次ページ図表17**です。

①〜⑥の箇条書きの項目を読むのに比べて、こうして1枚の図にすると、ずっとわかりやすくなっていませんか。これが因果関係マップの持つ効果なのです。

図表16　総選挙と、ファン定着から成長への流れ

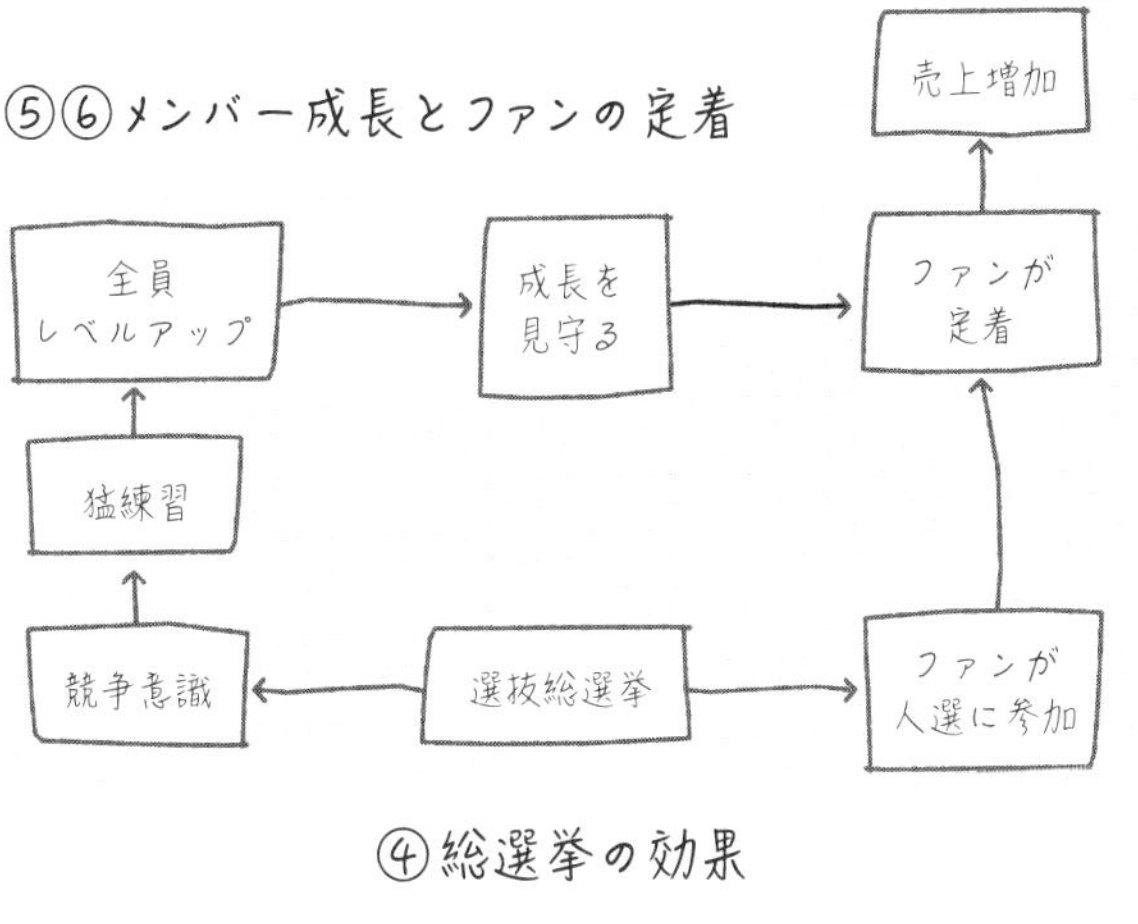

図表 17 AKB48 が成功した要因の因果関係マップ

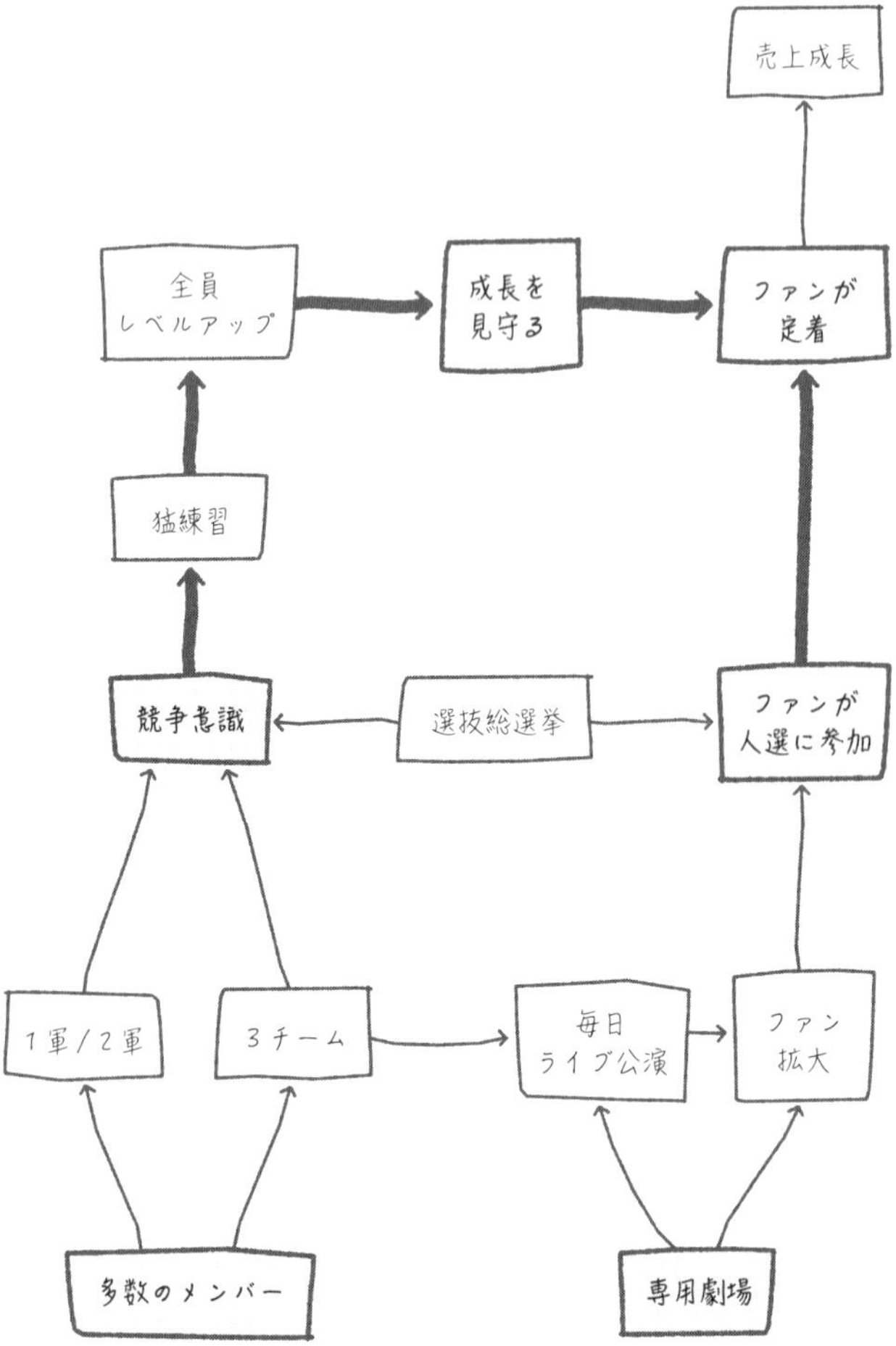

家康はなぜ江戸に幕府をつくったのか？

歴史というと、大好きな人がいる一方で、「年号と事件を丸暗記する」というイメージが強くて嫌う人も多いのですが（実は私も昔はその一人でした）、歴史の中の因果関係を明らかにして大きな流れを知ることは、最高にスリリングな知的冒険といえます。

こうした流れをつかむには、因果関係マップを描くことが非常に役立ちます。私は歴史に関する因果関係マップ作成問題を何十題もつくる中で、歴史の魅力がよくわかるようになり、いまではすっかり歴史ファンになりました。1問だけですが、歴史の例題を挙げます。

クイズ

徳川家康はなぜ江戸に幕府をつくったのか？　次の文章から、この質問に答えるための因果関係マップをつくりなさい。

豊臣秀吉は天下統一後、徳川家康が豊臣家の脅威になると感じて、江戸へ左遷しました。しかし家康は、逆に江戸の潜在的価値を感じたため、関ヶ原の合戦に勝った後も江戸から動かず、この地に幕府をつくりました。

当時の日本の政治の中心は京都、経済の中心は大阪であり、普通に考えれば、大阪から名古屋にかけてのどこか、どんなに東でも静岡あたりに幕府をつくるのが、家康にとって妥当な線だったのに、なぜ江戸に幕府をつくったのでしょうか？

当時は江戸城（現在の皇居）近くまで海岸線が迫っており、利根川が江戸湾に直接流れ込んで毎年のように氾濫《はんらん》を繰り返していました。全体的に水はけが悪い関東平野は湿地帯であり、農地は非常に少なかったのです。

戦国時代は、それまでより戦闘が激化・大規模化したため、築城や水攻め作戦のために大規模土木技術が大幅に進歩した時代でした。織田信長は、洪水の被害を常に受ける長良川河口の治水工事によって、肥沃《ひよく》な農地を手に入れました。家康も、毎年のように洪水を繰り返す利根川の治水など、関東平野の水はけを改善する土木工事をすれば、広大な農地が幕府の手に入ることに気づきました。

つまり家康は、湿地の下に隠れていた「関東平野」を見抜いたのです。こうして得られる農地は幕府の直轄地になり、そこから得られる年貢は幕府の有力財源となります。

徳川幕府は各藩からは年貢を徴収しなかったので、主な財源は直轄地からの年貢でした。広大な直轄地を手に入れたことは、徳川幕府を長期安定政権にする上で大事な要素になります。

こうして家康は、1590年の日比谷の入り江埋め立てを皮切りに、関東平野の湿地帯の改良工事に着手し、関ヶ原の戦いで天下統一を実現すると「江戸の防衛を強化する」という大義名分のもと、「お手伝い普請《ふしん》」という制度を使って、諸大名に工事をやらせました。

そして1621年、三代将軍・家光の時代には、利根川を太平洋に直接つなぐ大工事がひとまず完成しました。

1600年からの100年間に、日本の農地の面積は3倍に増えましたが、ここには家康らによる関東平野の改良工事が大きく貢献しています。戦国時代に日本の農地はほとんど増えず、したがって農産物も増えず、食糧不足を招き、これが諸大名間の戦争を招きました。徳川幕府は国内の農地を大幅に増やすことで、250年間の安定政権の土台をつくったのです。その最も顕著な実績が、関東平野の治水工事でした。


この問題文からいきなり因果関係マップをつくることは、初心者にとってはかなり難しいことです。このあと説明する詳しい手順を教えずに、いきなり初心者にやってもらうと、人によっては2時間以上かかります。

難しさの原因には、次の2つがあります。

①「重要な概念の塊」を発見すること
②重要な概念の塊の間のつながり（因果関係）を見つけること

問題文を読むといろいろなことが書いてあり、たくさんの概念の塊が見つかりますが、そのうちどれが重要なのかの判断に迷ってしまうことが、①の原因です。しかし、考えてみれば、「重要な概念」とは、冒頭の問い「徳川家康はなぜ江戸に幕府をつくったのか？」に答える概念のことですね。そこから出発して、因果関係を逆方向に遡ればいいのです。この「因果関係のつながり」に入っていない部分は重要ではないので、因果関係マップに入れないようにします。

問題文には、問いに直接答える内容はありませんが、次の部分は、家康が江戸に幕府をつくった動機を示しているように見えます。

家康も、毎年のように洪水を繰り返す利根川の治水など、**関東平野の水はけを改善する土木工事**をすれば、**広大な農地が幕府の手に入る**ことに気づきました。

つまり家康は、湿地の下に隠れていた「関東平野」を見抜いたのです。こうして得られる農地は**幕府の直轄地**になり、そこから得られる年貢は**幕府の有力財源**となります。

徳川幕府は各藩からは年貢を徴収しなかったので、主な財源は直轄地からの年貢でした。広大な直轄地を手に入れたことは、徳川幕府を**長期安定政権**にする上で大事な要素になります。

ここから因果関係を抽出すると、次のようになります。

・**土木工事→広大な農地が幕府の手に入る→幕府の直轄地になる→幕府の有力財源→長期安定政権**

これを因果関係マップにすると、**図表18**のようになります。

図表18 家康の狙いはどこにあったのか？

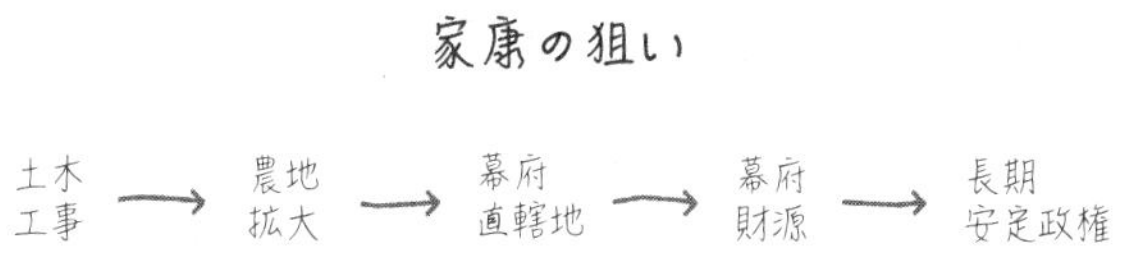

すると次の疑問は、「なぜ関東平野で土木工事をすると広大な農地が手に入ったか」ということです。それは問題の次の部分に説明されています。

当時は江戸城（現在の皇居）近くまで海岸線が迫っており、利根川が江戸湾に直接流れ込んで毎年のように氾濫を繰り返していました。全体的に水はけが悪い関東平野は湿地帯であり、農地は非常に少なかったのです。

ここから「湿地帯→農地少ない」という因果関係を抽出します。

また「（関東平野の河川が）毎年のように氾濫を繰り返していた」という部分から、「氾濫を繰り返す→農地にしにくい」という因果関係が導かれます。ここで重要なことは、問題文には「毎年のように氾濫を繰り返していました」としか書かれていないことです。ここでは常識を使って、因果関係の抜けている部分、「だから農地にしにくい」を補充します。

次に関東平野に湿地帯が多いことや、河川が毎年氾濫を繰り返すことには共通原因があるかどうかを考えます。すると「（関東平野の）地形」なら両者の共通原因として括《くく》れることに気づきます。これらをマップにまとめると**図表19**のようになります。

これで徳川幕府が関東平野で土木工事をして、直轄地を拡大して安定政権の基盤を築いたことはわかりますが、ではなぜ、このような大規模な土木工事ができたのでしょうか？

その答えは、問題文の次の部分にあります。

戦国時代は、それまでより戦闘が激化・大規模化したため、築城や水攻め作戦のために大規模土木技術が大幅に進歩した時代でした。

つまり戦国時代には、戦争のために大規模土木技術が進歩して、そのために徳川幕府は大規模な土木工事ができるようになったということです。それではその原因となった戦国時代はなぜ起こったのでしょうか。答えは次の部分にあります。

図表 19 関東平野の地理的な特徴

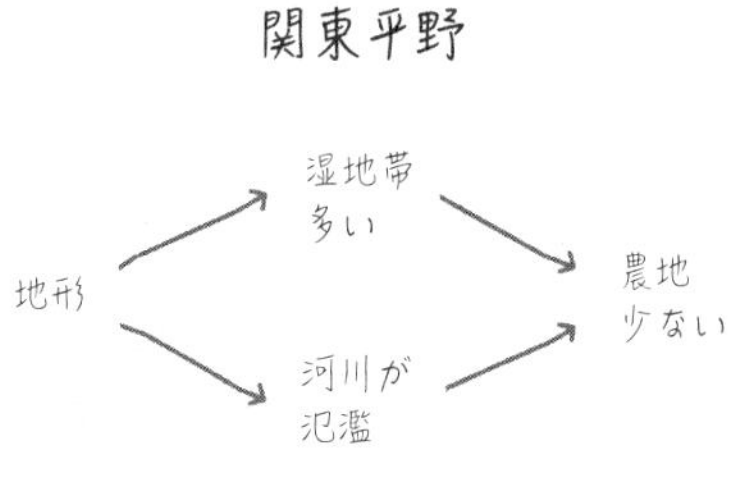

戦国時代に日本の農地はほとんど増えず、したがって農産物も増えず、食糧不足を招き、これが諸大名間の戦争を招きました。

こうしてわかった因果関係をマップにすると、**図表20**のようになります。日本の農地が増えなかったので、食糧不足になり、これが戦国時代の原因となりました。そのおかげで土木技術が発達したので、それを使って関東平野に農地を新たにつくることができたのです。

さて、次のステップでは3つのマップをつなげます。つなげる手がかりは同じキーワードです。「戦国時代」と「家康の狙い」の部分をつなぐキーワードは〝土木工事〟。「関東平野」と「家康の狙い」をつなぐキーワードは「農地少ない」と「農地拡大」の〝農地〟。こうして**図表21**のような因果関係マップが出来上がります。

図表20 なぜ大規模土木工事ができるようになったのか？

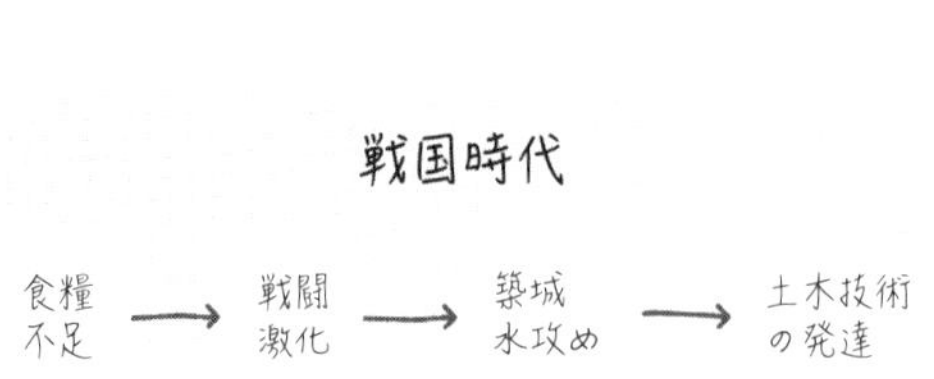

図表 21 家康が幕府を江戸につくった理由の因果関係マップ

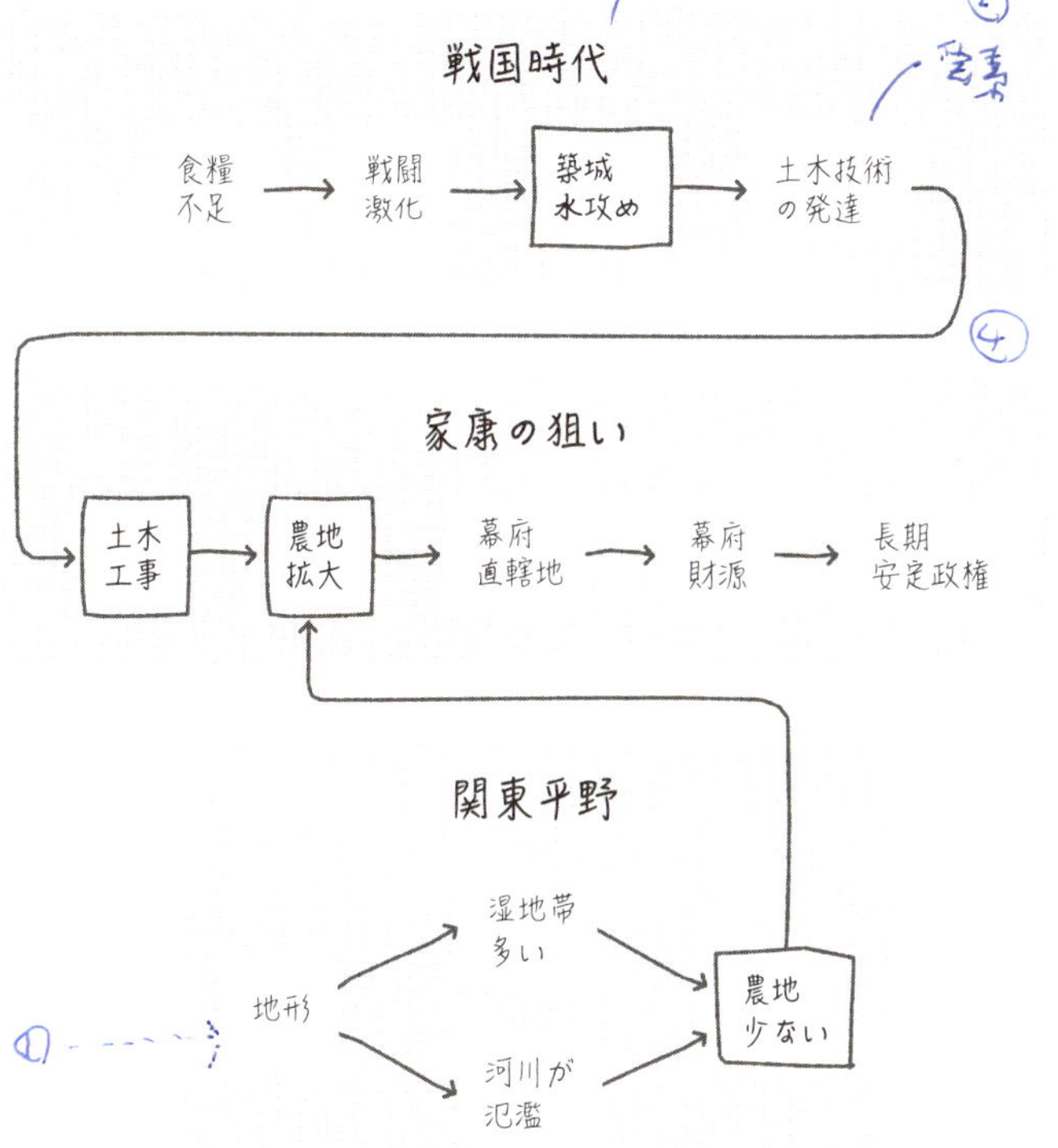

初心者がこのようなステップを踏まずに、いきなり因果関係マップをつくると、うまくいきません。

先ほども少し触れたように、まず、重要な概念の塊を選び出すことができず、マップが必要以上に複雑になります。もうひとつ難しいのは、問題の中に分散配置された概念の塊の間に、「因果関係のつながり」を発見することです。たとえば**図表20**の流れの最初の「食糧不足」は、文章の最後の部分にある「戦国時代に日本の農地はほとんど増えず、したがって農産物も増えず、食糧不足を招き、これが諸大名間の戦争を招きました」という文から持ってくる必要があります。そしてその後の「築城／水攻め」は、文章の半ばにある「戦国時代はそれまでより戦闘が激化、大規模化したため、築城や水攻め作戦のために大規模土木技術が大幅に進歩した時代でした」という文から持ってこなければいけません。

こうして文の中にばらばらに配置された因果関係の構造を取り出すのは、なかなか難しい作業です。だから問題の冒頭の質問の答えである「安定政権」から出発して、因果関係を逆にたどるのが効率的なのです。

元の文章と因果関係マップを比較してみてください。確かに元の文章を読むと、マップの中の因果関係が読み取れますが、マップを見たほうが、はるかに「因果関係の連鎖」がわかりやすいはずです。

とくに戦国時代に築城や水攻めが発達したということから、実は戦国時代に武士の役割が単なる戦闘員や戦闘指揮官ではなく、「土木工事屋」も兼ねるようになったことが想像できます。そうなると、徳川家康がなぜこれだけ大規模な工事を関東平野でできたかが、何となくわかってきます。家康は関ヶ原の戦いで全国を平定し、平和の時代をもたらした後は、武士の役割が変化することを感じたのではないでしょうか。

このように、**因果関係マップをつくることは、新しい気づきを生み出します。**

この問題は、竹村公太郎『日本史の謎は「地形」で解ける』（PHP文庫）の中の説を元にしたものです。竹村氏は元々は治水やダムの専門家ですが、歴史と地形の因果関係に興味を持たれて多数の歴史関連書を上梓しています。

私が歴史をテーマにした問題をつくる際は、なるべく歴史の教科書に出ていないような意外な因果関係（何百年もの歳月を超えた因果関係、地球の裏側の出来事の間の因果関係や、歴史的事象と地形・経済・軍事技術・工業技術など歴史以外の分野の事象との因果関係など）を取り上げて、回答者が興味深く解けるようにしています。

変数タイプの因果関係マップで「トレードオフ」を見つける

前述のように、因果関係マップには、先ほどの例題のような「事象や事件の間の原因→結果」を示すタイプのほかに、「変数間の相関関係」を示すタイプがあります。「原因→結果」を示す事象は四角の箱に入れ、変数は円の中に入れて区別すると便利ですので、これをおすすめしています。

変数とは「変化する数量」のこと。製品に関する因果関係マップは、変数タイプのマップをよく使います。ビジネスモデルに関する因果関係マップはどちらのタイプでも使えますし、場合によっては2つのタイプを組み合わせたハイブリッドタイプにすることもできます。

製品に関する因果関係マップの出発点は「顧客価値変数」です。これは顧客が製品を買ってくれる動機となる価値を表す変数のこと。たとえば電気掃除機であれば、「吸い込む空気の量」はそのひとつですが、それはこの変数が大きいほど掃除が早く済むからです。

ですから**製品の因果関係マップをつくるには、まず主要な顧客価値変数を挙げて、次にそれに影響を与える変数（これを設計変数と呼びます）を挙げます。**

同じく電気掃除機の場合、設計変数のひとつは「モーターの出力」であり、これが大きいほど「吸い込む空気の量」が大きくなります。

こうして主要な顧客価値変数と設計変数をすべて挙げたら、お互いに影響し合う変数を線でつなぎ、その途中に〈＋〉か〈－〉の印を入れます。

線の途中に〈＋〉が入っている関係は、「一方の変数が増えると他方の変数も増える」という、2つの変数が同じ方向に変化する関係を意味します。線の途中に〈－〉が入っている関係は、「一方の変数が増えると他方の変数は減る」という、2つの変数が逆方向に変化する関係を意味します〈図表22〉。

図表22　「変数」を結ぶ場合のルール

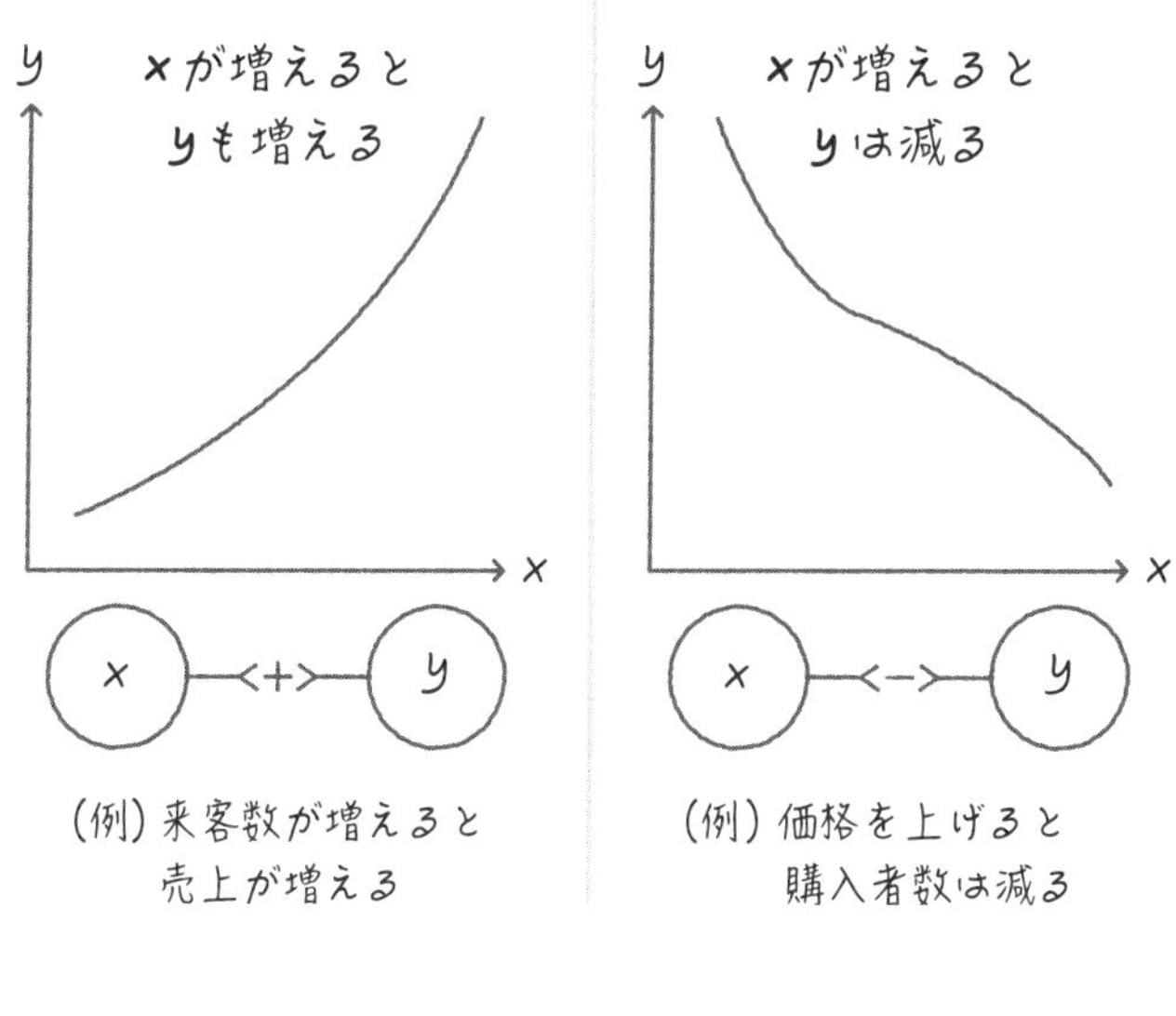

電気掃除機のどこを変えると、何に影響するか？

それでは、電気掃除機を例に、変数を使った因果関係マップのつくり方を見てみます。要素は大きく分けると3つあります。

①顧客価値変数

・重量（小さいほど持ち運びが楽）　・大きさ（小さいほど持ち運びが楽）
・吸い込む空気の量（大きいほど掃除が早く済む）
・外へのゴミの排出量（小さいほど室内空気がきれいになる）
・フィルター交換間隔（長いほど手間が省け、ランニングコストが安い）
・ゴミパック交換間隔（長いほど手間が省け、ランニングコストが安い）

②設計変数

・モーター出力　・吸い込みファン効率
・フィルターの目の大きさ　・ゴミパックの目の大きさ

・ゴミパックの大きさ

③電気掃除機が動く原理

モーターがファンを回し、それで空気を吸い込み口から吸い込み、フィルターやゴミパックを通して外部に排出します。大きなゴミはゴミパックの紙で止められ、フィルターはゴミパックから出てきた細かいゴミの一部を止め、残りのゴミが外に排出されます。

フィルターは目詰まりして空気を通しにくくなると交換する必要があります。ゴミパックはゴミでいっぱいになると交換しなければなりませんが、目詰まりした状態になるとゴミでいっぱいでなくても交換する必要が出てきます。

モーター出力が高いほど、多くの空気を吸い込みます。ゴミパックの紙がきめ細かいほど、またフィルターがきめ細かいほど、同じモーターの出力でも、吸い込む空気が減りますが、より細かいゴミまで止められます。

それでは、これらの情報をもとに、掃除機の因果関係マップをつくってみましょう。

まず、③の動作原理の説明から、「吸入空気量」という顧客価値変数に影響する変数は「モーター出力」と「ゴミパックの目の大きさ」と「フィルターの目の大きさ」であることがわかります。これを示したのが、**図表23**のマップの左上側です。以下、この図を見ながら解説していきます。

モーター出力が大きいほど、またゴミパックやフィルターの目が大きい（目が粗い）ほど、吸入空気量は大きくなりますから、これらの間はすべて〈＋〉で結ばれます。

次に「排気中のゴミ」という顧客価値変数に影響する変数を調べてみましょう。これも動作原理の説明の中から、「ゴミパックの目の大きさ」と「フィルターの目の大きさ」であることがわかります。ゴミパックやフィルターの目が大きいと、より多くのチリが空気と一緒に外に排出されてしまうので、排気中のゴミが増え

図表23 3つの顧客価値変数に関係する設計変数

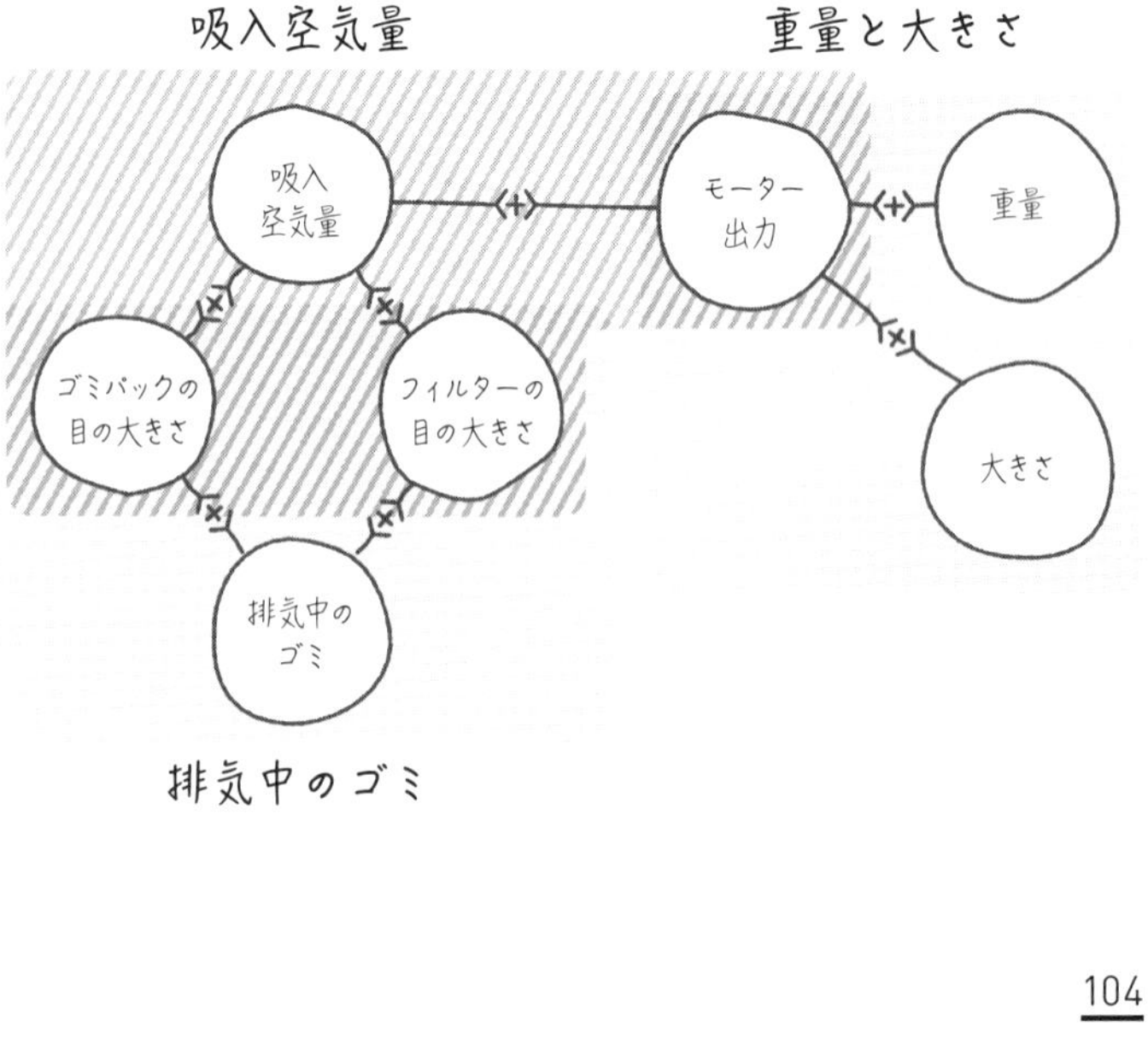

るのです。
また「重量と大きさ」という顧客価値変数に影響するのは「モーター出力」であることがわかります。強力なモーターほど大きく、重いことは常識的にわかります。

以上のことに、残り2つの顧客価値を加えると、因果関係マップは**図表24**のようになります。

「フィルター交換の間隔」は、「フィルターの目の大きさ」が大きいほど大きく（長く）なるので、〈＋〉で結びます。

最後が「ゴミパック交換間隔」です。ゴミパックを交換するときには2つの状況があると説明されています。第1に考えられるのがゴミでいっぱいになった場

図表24 電気掃除機の因果関係マップ

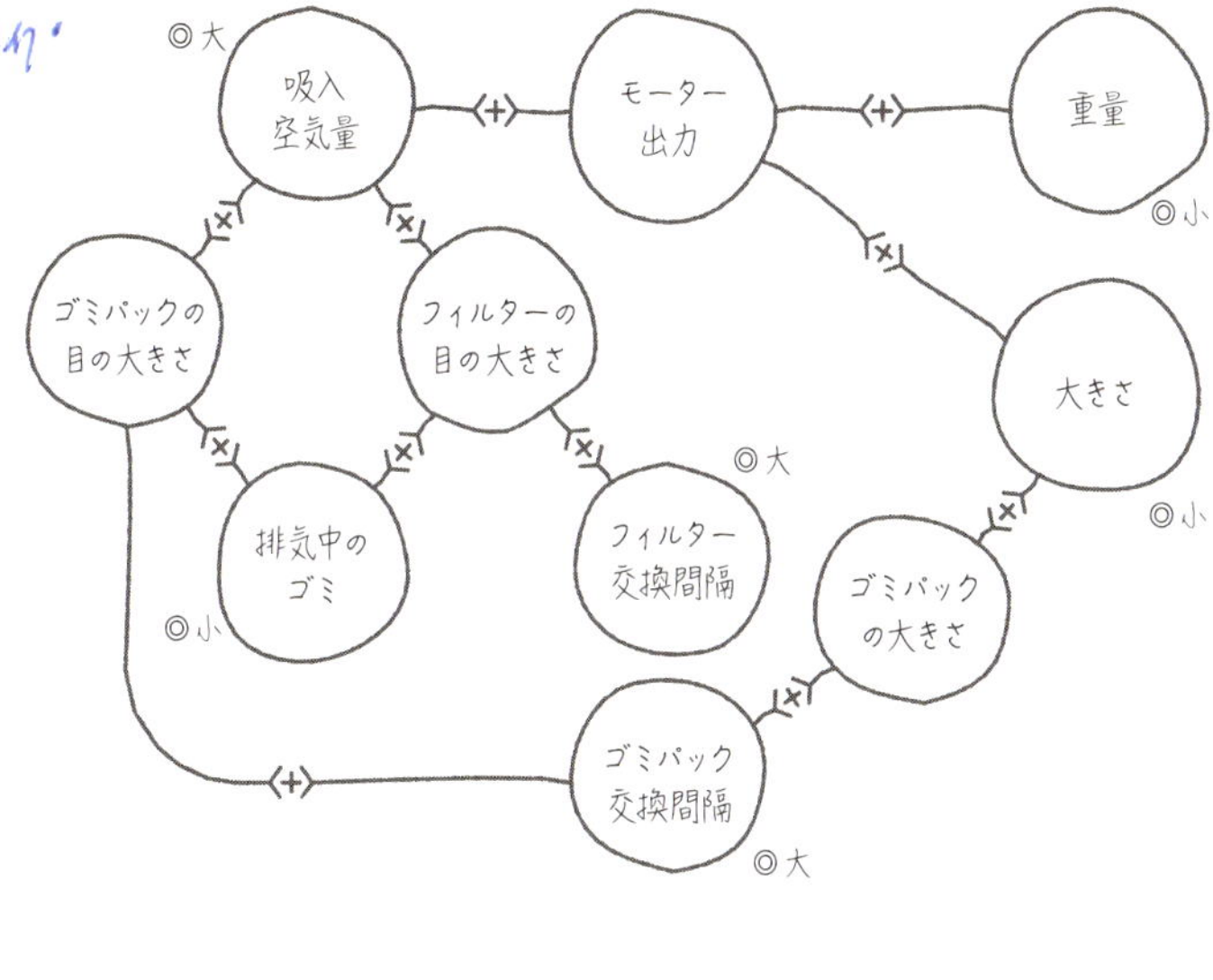

合ですが、その前にゴミパックが目詰まりしていると吸入空気量が低くなり過ぎるので、この場合も交換が必要になります。このため「ゴミパック交換間隔」は、「ゴミパックの大きさ」とも「ゴミパックの目の大きさ」とも〈＋〉で結ばれます（ゴミパックが大きいほど、またその目が大きいほど、ゴミパック交換間隔が長くなるため）。

これで電気掃除機の因果関係マップが完成しましたが、さらにわかりやすくするために、「顧客価値変数」には◎などの印をつけ、またそれが大きいほどよければ「大」を、小さいほどよければ「小」をつけるといいでしょう。

製品に関する因果関係マップをつくるひとつの目的は、「トレードオフ」を発見することです。**トレードオフとは「あることをよくすると、別のことが悪くなる」という現象のこと。**「ジレンマ」とか「こちら立てるとあちら立たず」という言葉と同じ意味です。

トレードオフでも一番重要なのは、顧客価値変数間のものです。ある顧客価値変数をよくすると、別の顧客価値が悪くなるということは、どちらかが悪くなることを決断せざるを得ません。しかし顧客に「AとBとどちらが重要か」と尋ねても、客や製品を使う状況によって答えが異なります。そのため、対象とする客層や用途や商品のコンセプトでトレードオフを考えなければなりません。

因果関係マップを使えばトレードオフ関係は簡単にわかります。お互いに〈＋〉で結ばれた顧客価値変数は同じ方向に動きます。ですから両方の「大」か「小」の表示が同じならトレードオフになりませんが、違う場合はなります。

図表25を見てください。たとえば吸入空気量と重量という顧客価値変数の間には2つの〈＋〉が直列に入っていますから、要は〈＋〉で結ばれているのと同じ。つまり同じ方向に動き、空気吸入量が大きいほど重量が大きく（つまり重く）なります。

ところが、吸入空気量は大きいほどよいのに対して、重量は小さいほどよいの

図表25 因果関係マップで「トレードオフ」はすぐわかる

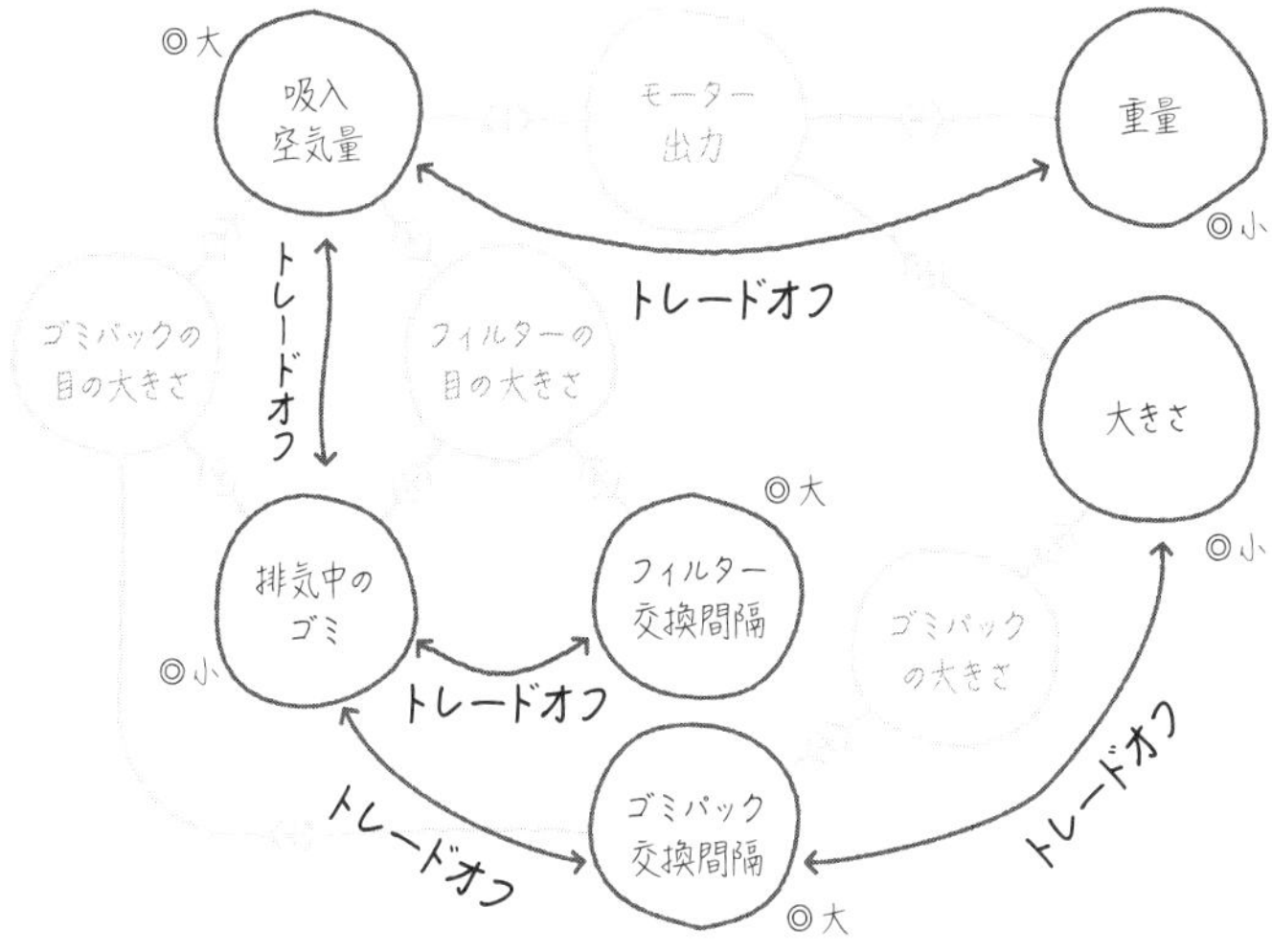

で、これはトレードオフ関係にあることがわかります。

同様に、「吸入空気量と排気中のゴミとフィルター交換間隔」「排気中のゴミとゴミパック交換間隔」「ゴミパック交換間隔と大きさ」の間にトレードオフ関係があることがわかります。

キャスターがついていて、床の上をころがすタイプの掃除機は大きく、重くできるので、吸入空気量が大きく、ゴミパックの交換間隔も長くできますが、階段を昇り下りする際には不便です。これに対してポータブルタイプは、重量や大きさは小さいですが、吸入空気量が小さく、ゴミパック交換間隔が短くなります。

製品の因果関係マップをつくることで「トレードオフ」がよくわかる。

ｉＰｈｏｎｅの成功要因のマップをつくる

次は「ビジネスモデルの因果関係マップ」をつくってみましょう。

ビジネスモデルの因果関係マップは、要するに「儲かるしくみを見える化する図」のこと。ある会社がどのようにして儲けているのかという因果関係を示した図です。

ここでは、ビジネスモデルの因果関係マップをつくることで、アップルのｉＰｈｏｎｅが成功した要因を解明してみましょう。具体的には、一連のクイズに答えながら、因果関係マップを少しずつつくっていき、最後にそれを統合します。

クイズ①

ｉＰｈｏｎｅの端末としての魅力の要因のひとつが「デザインの魅力」ですが、それにはアップルがその前に開発した「ある製品」が貢献しています。それは何でしょうか？

答 デジタル音楽プレーヤーのｉＰｏｄ

解説 アップルはiPodを開発したことで、小型携帯機器のデザイン能力や、小型機器用金属筐体《きょうたい》の技術力を高めることができました〈**図表26右上**〉。iPodの開発過程でさまざまな金属加工技術が使われましたが、これがiPhoneのデザインの魅力につながったのです。

クイズ②

iPhoneは、「端末が使いやすいこと」と「端末でのコンテンツ（音楽やアプリ）の管理がやりやすいこと」がもうひとつの魅力です。それらの使いやすさには、アップルの別の製品の開発部隊が貢献しています。それは何でしょう？

図表26 デザインの魅力と端末の使いやすさの要因

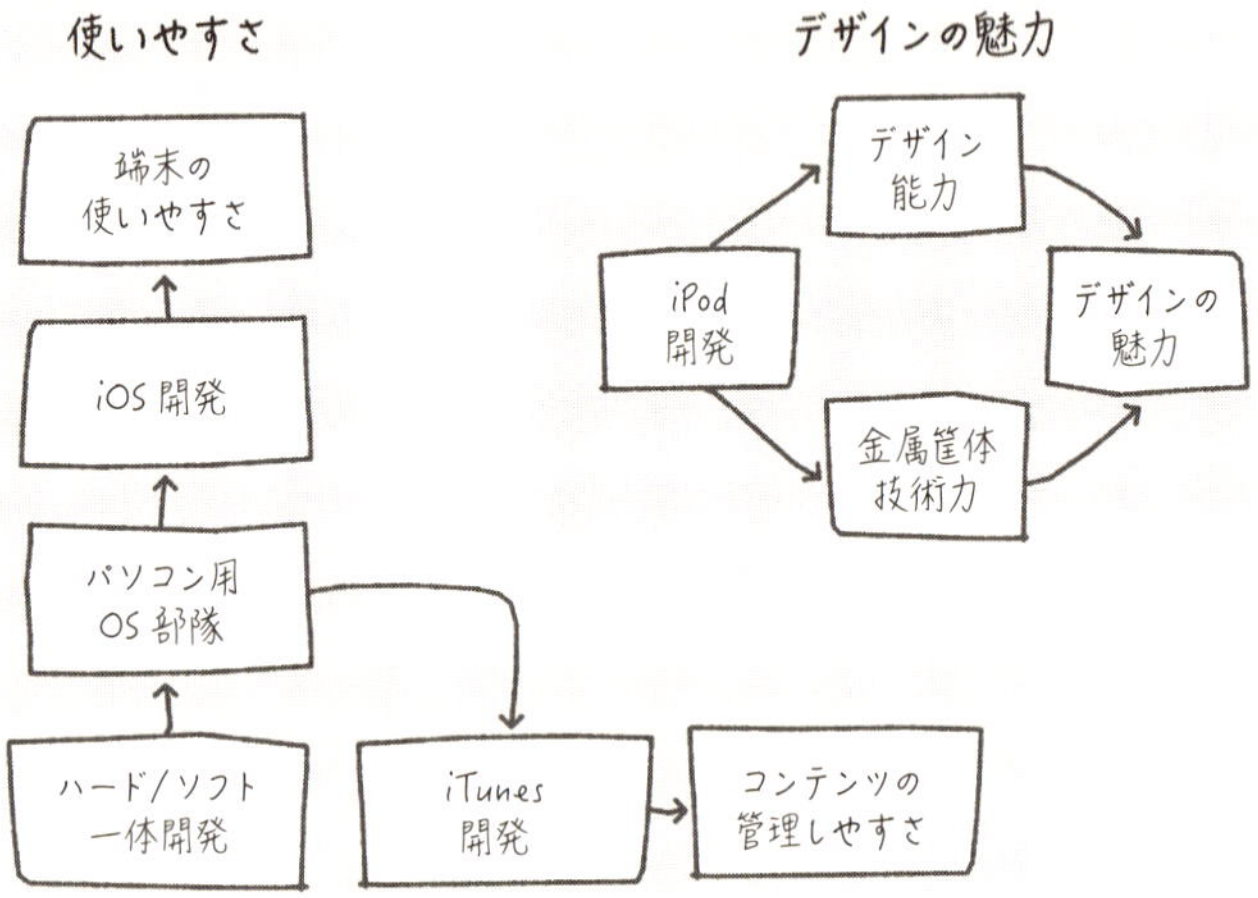

答 アップルのパソコン用OSの開発部隊

解説 他のメーカーと違い、アップルのパソコンは昔からハードと基本ソフト（OS）を一体で開発する戦略を取ってきました。このためアップルはMacOSというパソコン用のOS開発部隊を持っています。MacOSは直感的な使いやすさにとくに注力しており、使いやすいユーザーインターフェイス開発は得意中の得意。iPhone用OSであるiOSの開発も社内で行うことができました。これが端末の使いやすさにつながっています。

またiPhoneのコンテンツを管理するiTunesというソフトは、iOSとうまく連携することでコンテンツ管理がしやすくなっています。ここにもアップルのハード／ソフト一体開発戦略が貢献しています。これをマップにすると**図表26**の左側のようになります。

図表26の2つの独立したマップをつなげると、**次ページ図表27**の左側のようになります。ここでは、「デザインの魅力」「端末の使いやすさ」と「コンテンツの管理しやすさ」を「上質なユーザー体験」という因子にまとめています。このユーザー体験こそが、スティーブ・ジョブズが最も重視した顧客価値でした。

図表 27 上質なユーザー体験とコンテンツの充実の要因

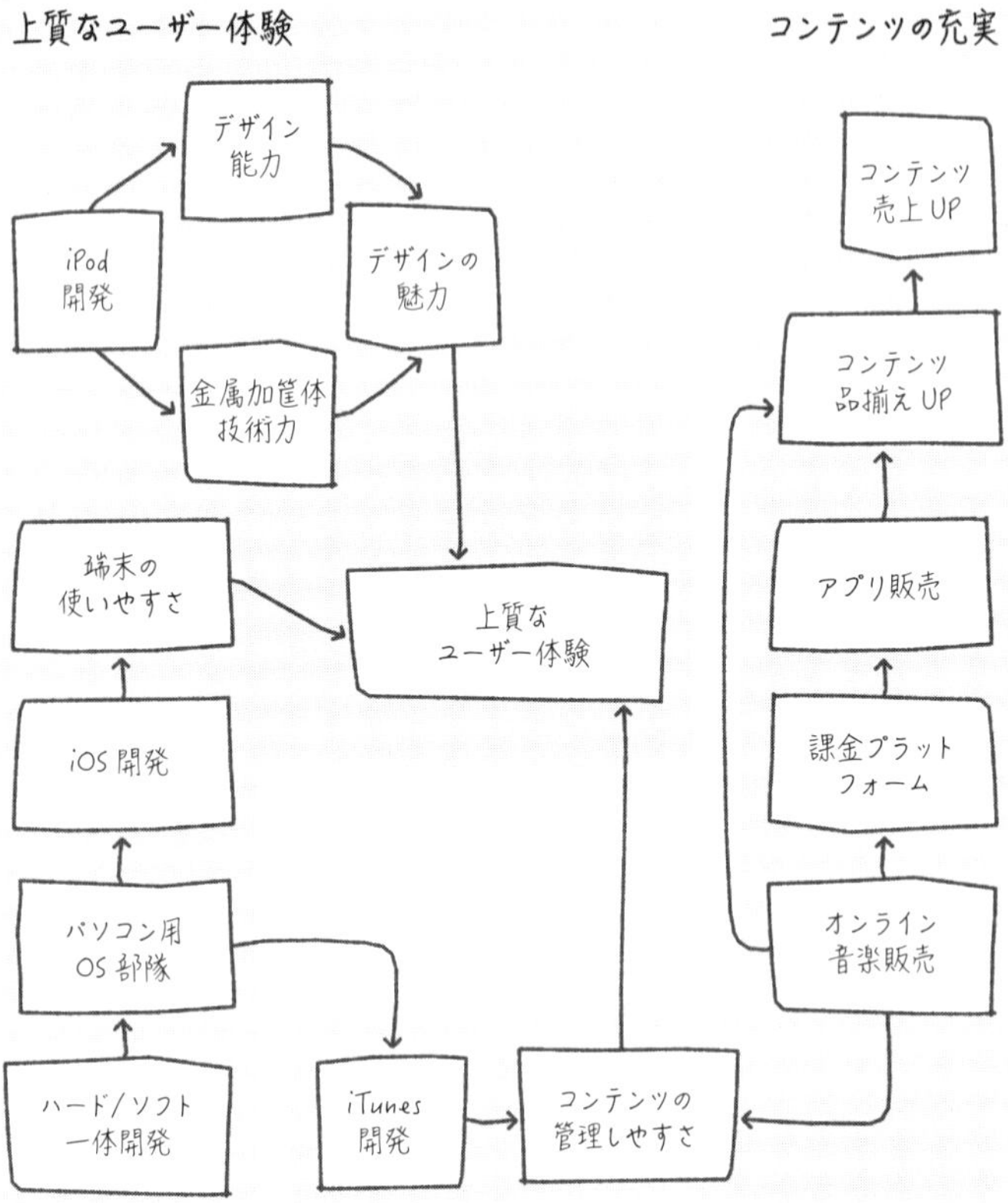

クイズ③

iPhoneの事業上の成功要因としては、アップルが端末売上以外の収入源を新たに手に入れたことも重要です。アップルはどんな収入源をいかにして手に入れたのでしょうか？

答 音楽やアプリなどのコンテンツ販売収入

解説 携帯電話ビジネスでは、携帯電話の通信会社が端末売上以外のコンテンツ課金手段を独占してきました。たとえばNTTドコモは「iモード」という携帯電話でインターネットが使えるサービスをつくり、そのコンテンツ使用料を携帯電話のユーザーから通信費と一緒に徴収して、手数料を得ていました。

iモードのコンテンツ提供者はユーザーに直接課金する手段を持っていません。また端末メーカーは売った端末でどれだけコンテンツ収入があっても、それは売上としては入ってきません。ところがアップルは、音楽やアプリの売上を携帯電話通信会社を経由せずにユーザーに直接課金して、自社の売上とすることに成功しました。

その原因は、ひとつにはiPhoneが端末として非常に魅力的だったため、どうしてもiPhoneを売りたがっていた通信会社に対して優位な立場に立てたことと、iPod時代から「iTunesミュージックストア」という音楽のオンライン販売事業を手がけており、課金プラットフォームまで持っていたことです。iPodのユーザーがiPhoneに買い換える場合はiTunesミュージックストアの課金口座をそのまま使えるので、手間がかかりませんでした。アップルはiPodを使ってオンライン音楽販売を業界で初めて大々的に手がけることができましたが、その理由はスティーブ・ジョブズが音楽業界に広く人脈を持ち、神がかり的な交渉力を持っていたからでした。

アップルはiPhoneの発売後しばらくしてiOS上のアプリケーションソフト開発を第三者に開放し、「Appストア」というオンラインストアをつくってアプリ販売も手がけるようになりました。これも大ヒットして、iPhone用コンテンツの品揃えが非常に充実し、それがコンテンツ売上アップに貢献しました。

これらをまとめると、先ほどの**図表27**の右側のようになります。

クイズ④

アップルは携帯電話市場に2007年に参入し、数年後には世界の携帯電話の端末販売による利益のほとんどを独占するほどに圧倒的な地位を固めましたが、そのからくりは何でしょうか？

答 コンテンツと端末の魅力の相乗効果が生む好循環

解説 iPhoneはデザインのよさや使いやすさで他のスマートフォンに比べてはるかに上質なユーザー体験を提供したため、発売当初から人気を集めて市場でのシェアを拡大しました。それに伴ってiPhone用のアプリのコンテンツが多数開発され、コンテンツの品揃えが充実しました。これがさらにiPhoneの端末としての魅力を高めました。

こうしてiPhoneは「端末の魅力↓端末のシェア拡大↓コンテンツの品揃え拡大↓端末の魅力向上」という好循環（ポジティブフィードバックループ）を生み出しました。この因果関係をまとめたのが**図表28**です。

こうしたループは、何らかの制約条件がない限り、無限に増幅し続けます。iPhoneの場合は、他社のス

図表28 端末とコンテンツの好循環

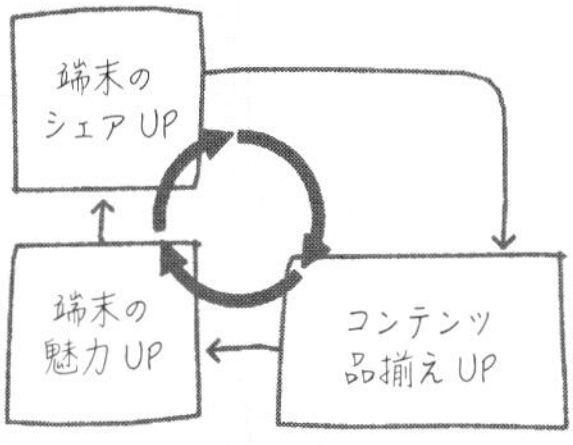

マートフォンより高めの価格ですから、それが制約条件となっています。しかしおかげでｉＰｈｏｎｅは非常に儲かる商品になり、アップルの６兆円以上の利益の大半はこの製品が稼ぎ出しているといわれています。

次の段階として、いよいよすべてのマップをつなげ、さらに要素を追加して、**図表29**のようなｉＰｈｏｎｅの成功要因の因果関係マップを完成させます。こうしてできた全体のマップには、ここまでの部分マップに加えて、「端末の売上が伸びると部品コストが下がる」というスケールメリットに関する因果関係も入れました。

マップの抽象度を上げる

さらにこの全体マップを、「原因→結果」の形式から「変数」のマップに変えると同時に、マップの中の要素の数を減らしてみましょう。これは「マップの抽象度を上げること」を意味します。

マップの抽象度を上げることには、メリットとデメリットがあります。本質的な要素だけを残して抽象化できれば、このマップはｉＰｈｏｎｅの成功要因の本質部分を表現できます

図表29 iPhoneの成功要因の因果関係マップ

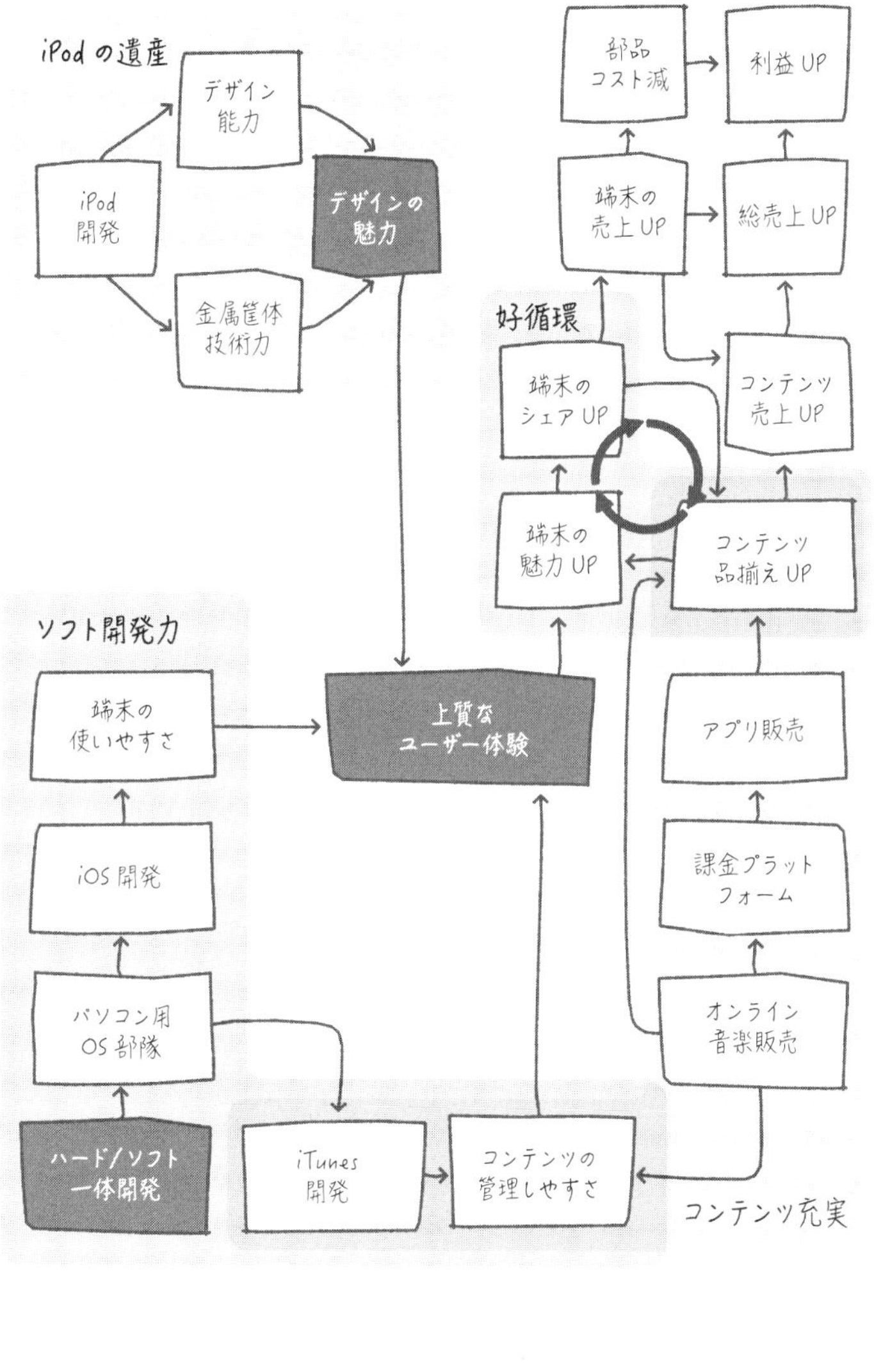

が、その一方で、大事な具体要素や具体策が抜ける懸念もあります。抽象度を上げたマップをつくることは、本質を抽出する上で重要ですが、その際に失われる情報があることも念頭に入れておかなければなりません。

それでは、全体マップの部分ごとに、各要素を変数に変えることと、要素の数を絞ることをやってみましょう。

まず**図表29**の左側の「iPodの遺産」と「ソフト開発力」の部分ですが、変数化して要素を減らすと、**図表30**のようなマップになります。iPodのおかげでデザイン力が高まり、それでデザインの魅力や使いやすさが高まるという因果関係の流れと、パソコン用OS開発部隊がいたおかげでソフト開発力が高く、それで使いやすさが高まったということです。

次に「コンテンツ充実」の部分の抽象化マップをつくってみましょう。

図表31を見てください。まず「端末の競争力」は、**図表30**のマップにもある「ユーザー体験の質」が影響することがわかりますが、それに加えて、「コンテンツの種類が増える」という場合も、端末の競争力が高まるという因果関係があります。

端末の競争力が高まると、端末の販売単価や販売台数が上がりますから、そのかけ算であ

図表 30　「iPod の遺産」「ソフト開発力」をさらに抽象化

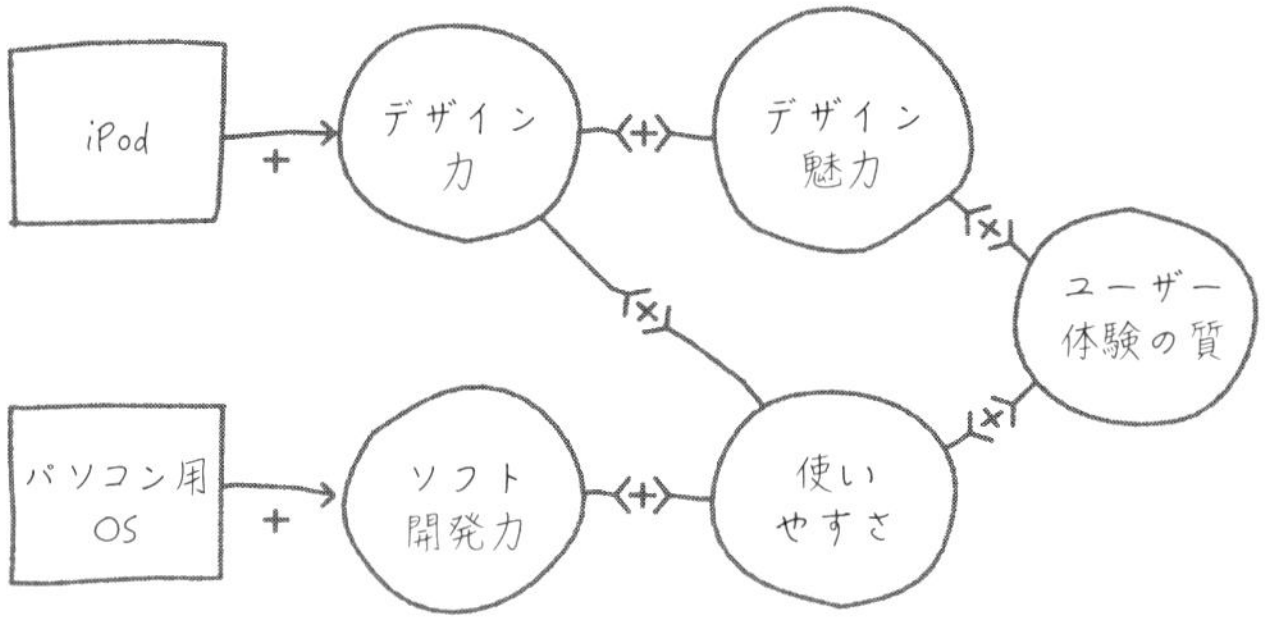

図表 31　「コンテンツ充実」をさらに抽象化

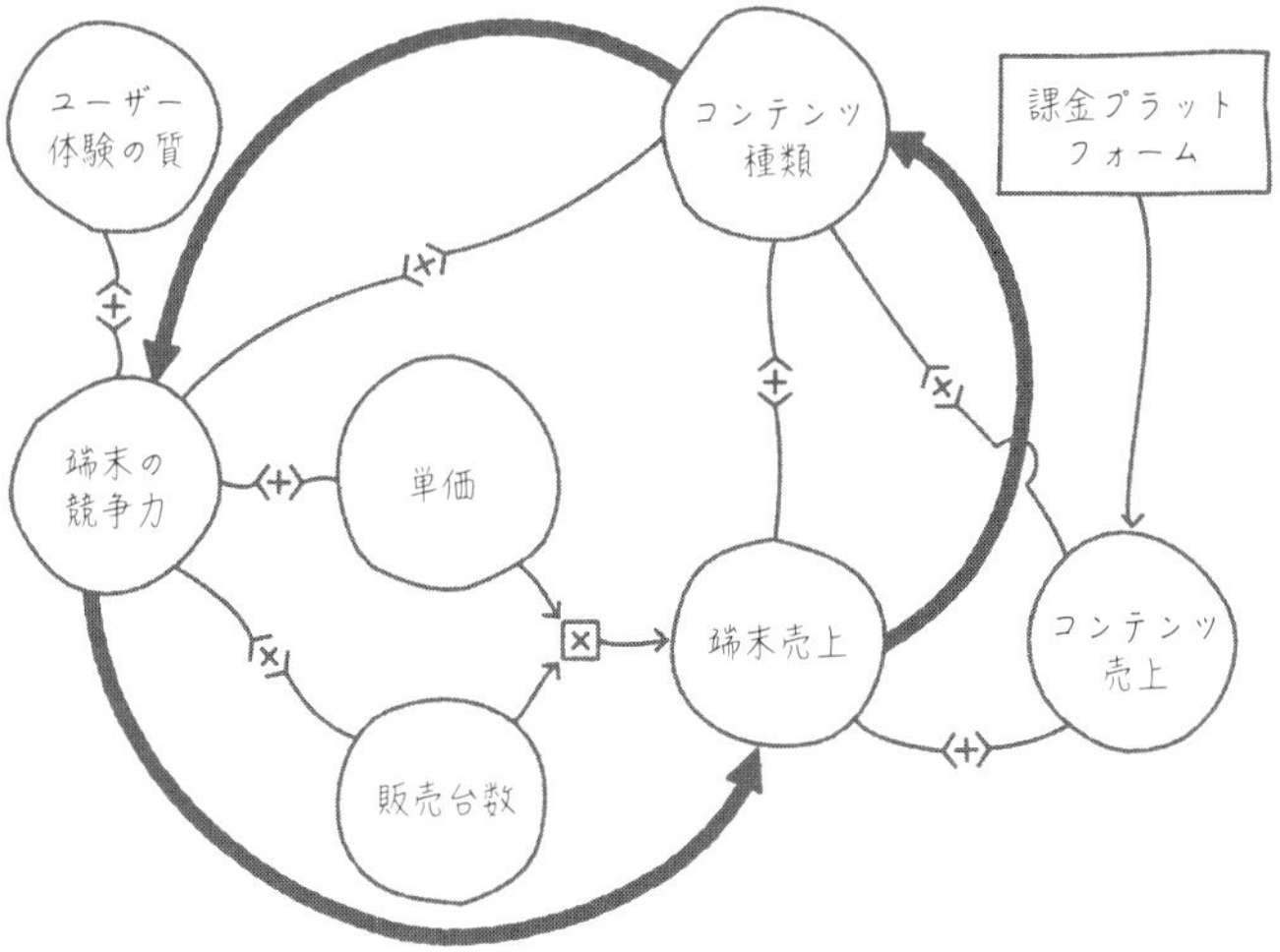

る端末売上も増えます。端末売上が増えると、端末の市場でのシェアが高まり、その端末向けに提供されるコンテンツ種類が増えます。ここに「端末の競争力→端末売上→コンテンツ種類→端末の競争力」という好循環ができます。

またコンテンツの種類が増え、かつ課金プラットフォームを持っていれば、コンテンツ売上が増えます。ここで、iPod時代にiTunesオンラインストアという課金プラットフォームをアップルが構築していたことが、iPhoneの利益増大に貢献していることがわかります。

もしもアップルが独自の課金プラットフォームを持っていなければ、携帯電話通信会社の通話料金を徴収する課金プラットフォームを使わざるを得ないので、コンテンツ売上はアップルには入ってこなかっただろうからです。

そうして最後にこれらの抽象化マップを統合し、さらに要素を追加すると、**図表32**のようなiPhoneの成功要因を示す変数型因果関係マップが出来上がります。

図表32 iPhoneの成功要因の変数型因果関係マップ

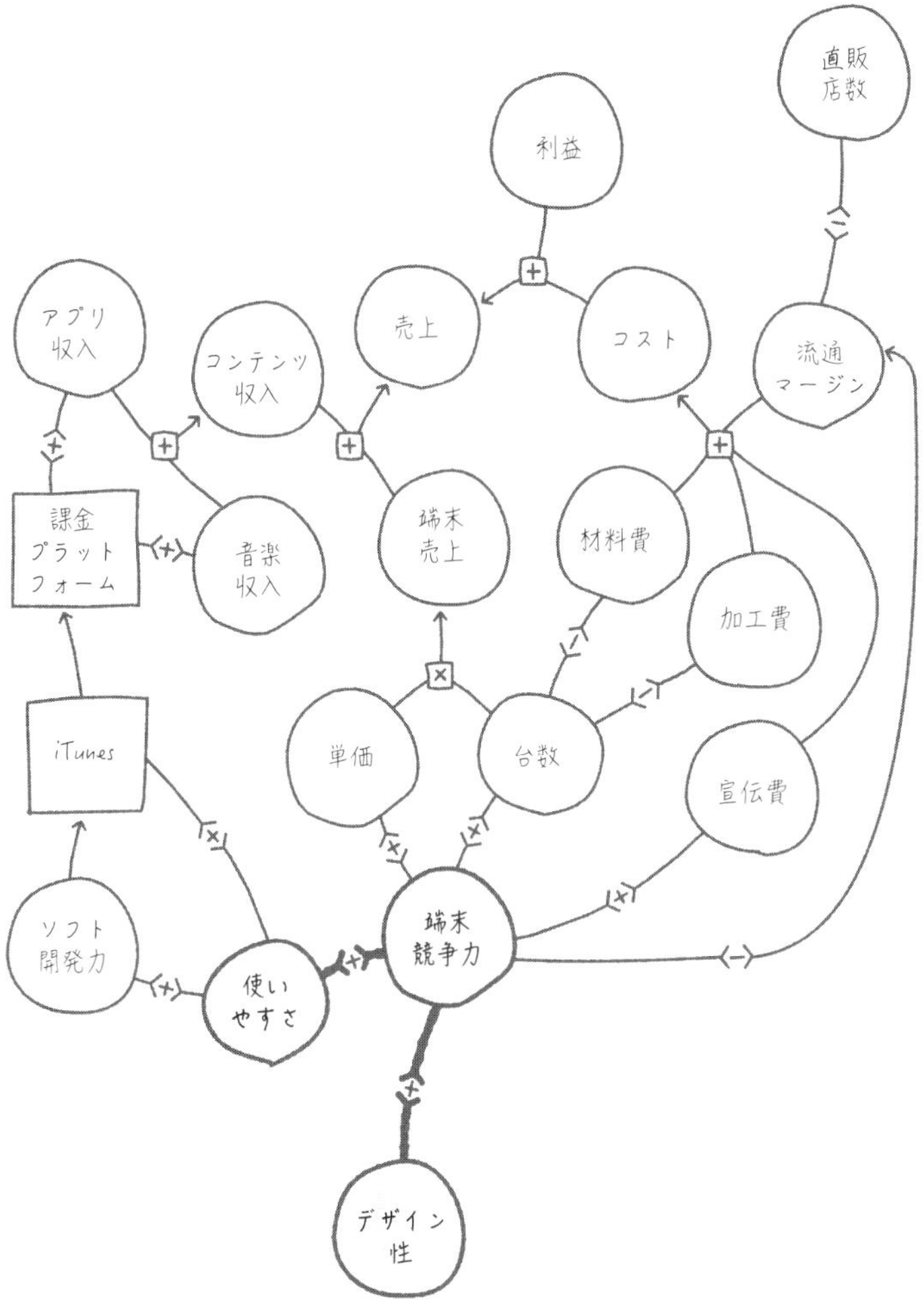

抽象化思考に有効な「ラベリング演習」

因果関係マップの要素数を減らすための抽象化思考は、意外と難易度が高いものです。複数の要素を眺めて、それに共通することをひと言で表現できるラベルをつけるのが難しいからです。

この能力を高めるには、「ラベリング問題」の演習が効果的です。ラベリング問題とは、あるテーマに関して複数（たとえば3つ）の文章を読み、それぞれをひと言で言い表す（ラベリングする）というものです。たとえば、次の文章を読んでください。

ICタグについて

①次世代のバーコードとして期待されている無線の電子荷札
②小型チップに商品の価格やその他の情報を埋め込み、無線発信する
③紙幣や商品券にもそのまま埋め込めるほど小型・極薄の製品もある

これに対するラベリングの例は、次のとおりです。

①用途
②メカニズム
③超小型極薄

それではいくつかラベリング問題をやってみましょう。次の文章の中の①～⑥の段落に、ラベルをつけてみてください。

ラベリング演習① 日本経済の停滞が続いた原因は何か？

日本は敗戦のどん底からはい上がり、一気に世界第2位の経済大国に上り詰めました。しかし、その後はじけたバブルの後遺症から抜け出せないまま、デフレに陥って20年になります。ようやく転機が訪れようとしているかのようにも見えますが、戦後は大きく3つの時期に分けることができます。

・戦後日本経済の3つの時期

①最初は、敗戦から1955年までの占領・復興期です。朝鮮戦争の特需で経済が回復のきっかけをつかみ、世界が驚嘆した高度成長に突入しました。

②次は、昭和後期の高度成長からバブル経済にいたる時期です。何回かの不況やオイルショック、為替ショックといった経済危機を乗り切りました。米国との経済摩擦が激しくなるほど日本経済は強くなりました。

③最後は、平成に入ってからの停滞期です。バブルの崩壊で地価や株価が急落した後、経済は回復せず、停滞が長期に及ぼうとしています。名目GDPの数字が最高となったのは97年であり、2009年には中国に抜かれ、14年にはGDPが中国の半分になってしまいました。

また、バブル崩壊後、日本の低迷がここまで続いてしまったのは、主に次の3つの原因によります。

・「失われた20年」の3つの原因

④既得権益にメスを入れることができず、そうした固い岩盤を打ち砕けませんでした。

その結果が1000兆円の国家の借金です。自民党の長期政権で培われた政・官・業の三角形の構造はいまだ健在です。

⑤平成以降に就任した首相は安倍晋三氏までで16人。これに衆参のねじれ現象が追い打ちをかけ、「決まらない政治」の原因となりました。短命政権のため政治のリーダーシップが期待できず、外交力も弱体化してしまいました。

⑥日本企業は高度成長期の成功体験から抜け出せず、国内や欧米をメインの市場に据えたままで、成長する新興国を取り込めませんでした。

この6つの文章にラベルをつけた例を次に挙げます。（　）で括った部分を取り除けば、さらに抽象化されたラベルになります。

①（焼け野原から立ち直った）復興期
②（数々の危機を乗り切った昭和後期の）成長期
③（バブル崩壊後の）停滞期
④（既得権にメスを入れられず）構造改革が不十分
⑤（短期政権続き・衆参ねじれ国会で）決まらない政治

⑥（成功体験に安住し）新興国攻略が遅れた

あと2問ほど、例題をやってみましょう。それぞれ3つの文章にラベリングをしてみてください。

ラベリング演習② ローマ帝国へのキリスト教の広がり

①ローマ帝国が発展したのは地中海全域に領土を拡大したからです。ローマの属州面積の拡大が経済成長につながった紀元前3〜2世紀はローマ帝国の絶頂期でした。

②ところが紀元3世紀になると属州を新たに拡大できなくなり、ローマ帝国は経済成長のエンジンを失いました。新たな奴隷《どれい》を得られないため、大農場の地主は大打撃を受けたのです。

③絶頂期には平民に「パンとサーカス」を施すことで社会を安定させることができたのに、経済成長が鈍化してそれができなくなると社会不安をあおることになりました。キリスト教がローマ帝国に広がったのは、まさにこの「3世紀の危機」の時代でした。

ラベリングの例

①ローマの経済成長要因（は属州拡大）
②ローマの経済停滞要因（は拡大する属州がなくなったこと）
③財政難が社会不安につながった

次も、世界史に関する例題です。

ラベリング演習③　中南米銀のヨーロッパ流入の影響

①16世紀に中南米で銀が発見され、スペインに大量の銀が流れ込みました。この大量の銀が「価格革命」と呼ばれる物価の高騰を起こすと、これがきっかけになって、停滞していた経済活動が活気づきました。
②このとき、フランドル地方（現在のオランダ南部・ベルギー西部・フランス北部にまたがる地域）と競合してイギリスの毛織物産業が伸びました。こうして銀の大量流入は、金融都市を介して工業化へ振り向けられました。
③当時の西欧では全般的に人口が増加し、都市が発達したため穀物が不足しました。と

ころがヨーロッパの気候が寒冷化し、毛織物の需要が増えたため、イギリスの多くの地主は穀物生産をやめて、羊毛の生産を始めます（囲い込み運動）。地中海沿岸の南欧地域でも、銀ほしさに穀物生産を輸出向けの果実やオリーブの生産に振り向けました。このためコロンブス以後、西欧では穀物は減産傾向にありました。

ラベリングの例

①中南米の銀が欧州の価格高騰につながった／物価高騰
②銀の流入が欧州の工業化につながった／工業化
③欧州の人口増加と穀物不足

いかがでしょうか。因果関係マップの基本的な考え方やつくり方は、ご理解いただけましたか。

抽象化のためのラベリング演習とあわせて、毎日、少しずつ「思考のちょっと外側」に出る訓練をしていけば、数カ月後、思考能力は大きく成長しているはずです。日常での具体的な訓練法については、終章にまとめていますので、そちらもあわせてご覧ください。

さて、続く2つの章はいよいよ実践編です。深速思考をクリエイティブな仕事に応用する具体例として、新たなビジネスモデルを考え出してみましょう。まず第4章では、因果関係マップを使った「儲かっている企業の分析」を行い、第5章では、「新しいビジネスモデルを考え出す」という一連の流れを体験していただきます。

思考のヒント④

抽象化思考中の感覚

筆者は、ここ数年の間に無数の因果関係マップをつくることによって、自分の抽象化思考能力を大幅に高めることができたと実感しています。深速思考トレーニングを開発するに当たって、100問近い因果関係マップの模範解答をつくりましたが、これらは比較的簡単なので、数分でできるようになりました。

これに比べ、製品開発のコンサルティングの中で実際に開発中の製品の因果関係マップをつくるのは非常に大変で、かなり深く考えなければなりません。

たとえば深刻な問題が発生した開発プロジェクトチームと会ったとき、筆者は製品の動作原理を聞き出しながら因果関係マップをつくっていきました。その後、1人で考えに考え抜いて、ようやく問題解決に役立ちそうな因果関係マップができたのです。

こういうときこそ、「必死に深く考えている」というのがどんな感覚なのかを肌で感じることができます。

一番苦労するのが、「適切な変数」を探し出すこと。製品に関係する変数が無数にある中で、いま製品が抱えている最も本質的な問題を簡潔に表現するために必要な変数とは何かを考えます。そして、抽象度を上げたり下げたりして、頭の中に次々と候補を挙げていきます。

ぴったりした変数が見つかったときには脳がとても喜んで、「やった!」と飛び上がるような感覚がします。もやもやした状況が、スッキリわかるようになる。これこそが因果関係マップをつくる醍醐味です。

こうした活動の中で筆者はときどき、「自分はどんな風に考えているのか」ということを考えることがあります。そうすることで、少しずつですが、抽象化思考の感覚を手がかりに、より効果的に思考ができるようになります。これはゴルフのスイングを鏡に映してフォームをチェックするようなものです。

このように視点を「自分の外」に出して、外から自分の考えている様子を観察することは、自分自身で思考方法を改善する上で不可欠なことなのです。

第4章

ネタを仕入れる

——ビジネスモデルの「本質」の抽出

因果関係マップで儲かるしくみを「解剖」する

あなたが仮に飲食店チェーンを運営する会社の社員だとしましょう。ある日、会社から「新たな飲食店チェーンの企画案をつくる」という仕事を与えられました。

浅い思考しかできないと、「すき家や吉野家をまねして牛丼チェーンをつくろう」といった、ありきたりの企画案しか出ません。斬新なアイデアを生み出そうと張り切って考えても、「ラーメンとステーキを出す店」などという、斬新ながら需要があるとは到底思えない案ばかり出てしまいます。

飲食店チェーンの競争は激しく、よほど他の店にないような顧客価値を届け、かつ確実に儲かるような企画案を考えなければ、事業として成功できないでしょう。そこで、とくに業績がいい飲食店チェーンや他のサービス業チェーンを研究し、それぞれの成功要因の構造を明らかにするところから出発します。

具体的には、書籍、雑誌記事、テレビ番組や業界通への取材を通して、さまざまなチェーンの詳しい業務のやり方を研究し、その「儲かるしくみ」を因果関係マップにするのです。

私がよく使う手は、テレビの経済番組を観ることです。この中でも、とくに1回の放送で主に1社だけを紹介する番組は、現場の詳しい様子まで映像で観ることができ、工夫のポイントが番組の中で説明され、おまけに社長が出演して経営戦略を解説してくれるので、詳しい事例を学ぶにはうってつけの素材。もちろん本や雑誌、ウェブなどの記事から事例を出すこともできます。要は**現場レベルの詳しい施策の情報まであるかどうか**がポイントです。

そうして研究した事例を、まずは同じ飲食業界から見ていきましょう。

飲食店の儲かるしくみ分析①　鳥貴族

クイズ①

焼鳥を中心としたメニューを280円の均一料金で出す居酒屋チェーンの鳥貴族は、連日、客で賑わう人気店に成長し、2014年には上場を果たしました。その理由は「早い・うまい・安い」の三拍子が揃っていることですが、その要因は何でしょうか？

答

まず、料理のメニューを焼鳥中心に絞り込んでいること。冷凍品となる海外産の鶏肉を使わず、国産を使い、焼鳥の串刺し（串打ち）を昼間に店の厨房で行っているので素材が新鮮。焼鳥グリルは自社開発で、赤外線を使って均一においしく焼ける。また同時に大量に焼けるので、注文してから料理が早く出てくる。これらの特徴をマップにしたのが**図表33**

クイズ②

鳥貴族はなぜ国産鶏肉を使ったり、店内で串打ちしたりするなどコストが高いことをしながら、２８０円の均一料金が実現できるのでしょうか？

図表33 鳥貴族の「早い・うまい・安い」理由

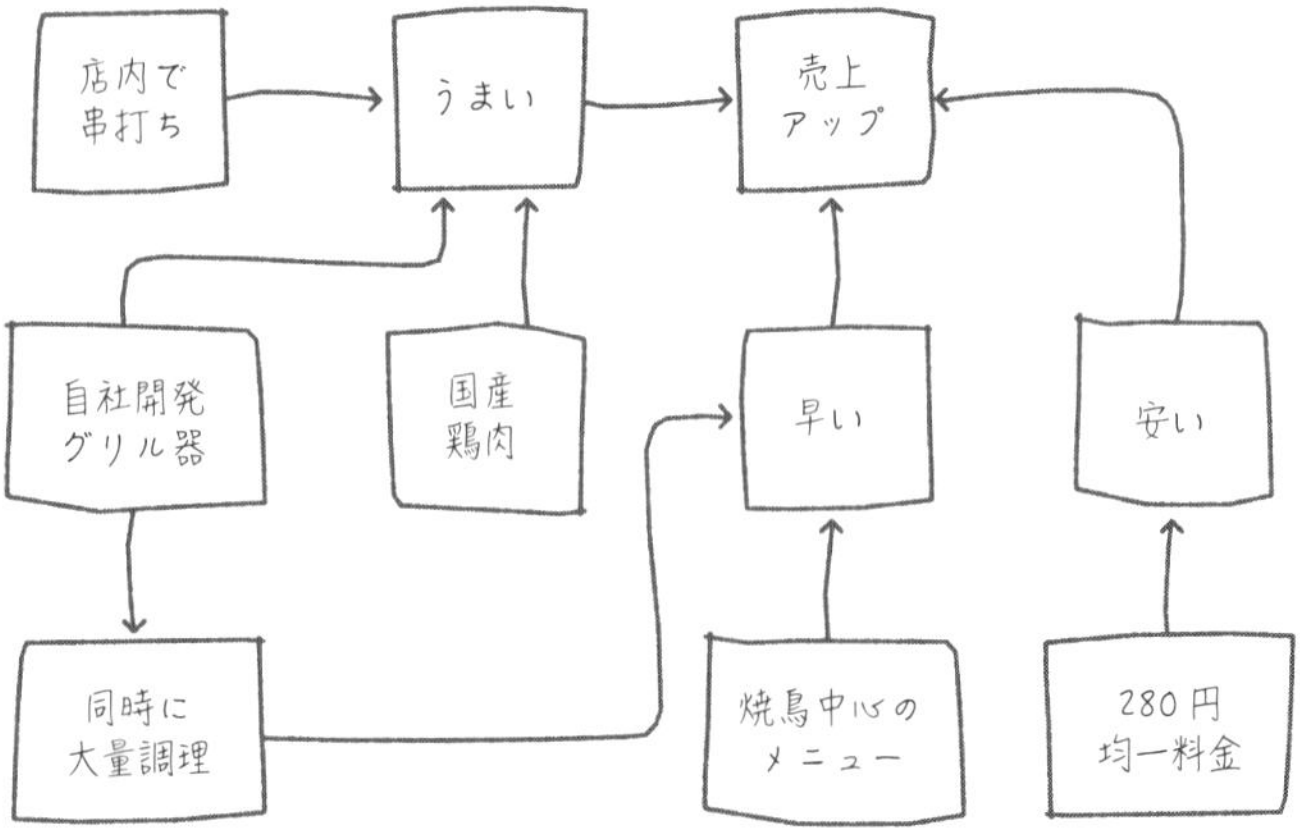

答

薄利多売、つまり「客の回転を増やして店舗面積当たりの売上を稼ぐこと」で、低価格でも儲かるようにしている。メニューは鶏肉料理が中心で大量の鶏肉を使うため、小口ユーザーに比べて4割も安く仕入れられる。また、店舗を1階以外の階に立地させて家賃を節約している

解説 メニューが絞り込まれており、しかも専用グリル器を使って誰でも均一においしく焼くことができるため、接客係だけでなく、調理もアルバイトを多用して人件費を下げています。これらのコストダウン策を**図表34**にまとめました。

図表34 コストダウンできる理由

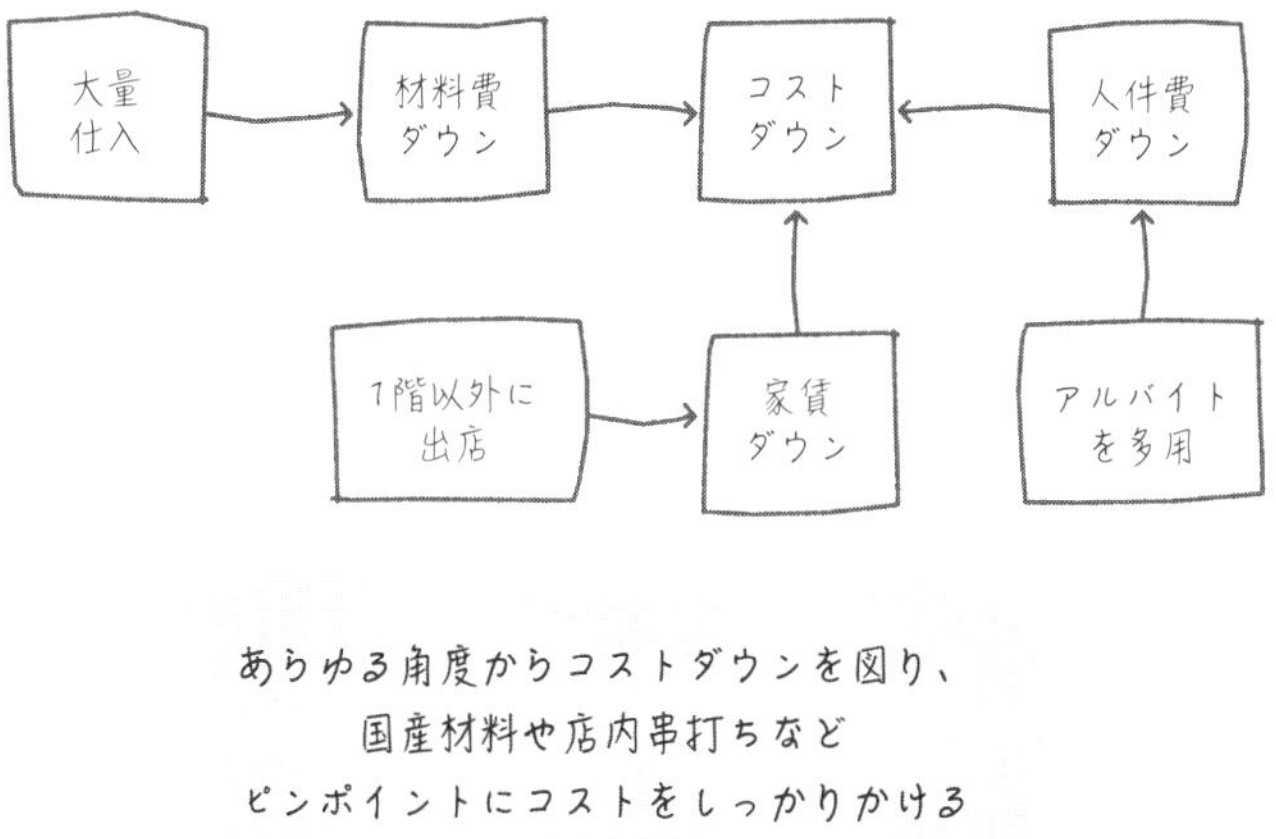

次に、鳥貴族の「成功の秘密」を説明した文章を読んで、因果関係マップを完成させてください。

鳥貴族の成功の秘密

かつては男性サラリーマンが主体だった居酒屋も、最近では女性や家族連れまで引き寄せており、繁華街に行けば居酒屋チェーンが軒を並べています。しかし居酒屋チェーンも過当競争。若者のアルコール離れや、自宅で飲む「宅飲み」により厳しい時代を迎えています。そうした中で絶好調の居酒屋チェーンが鳥貴族です。1987年の創業以来、年々成長し、いまや全国で450店舗以上、年商は180億円を超えます。

鳥貴族に入るとどこも繁盛していて、店によっては1時間待ちもざらです。それもそのはず、酒を含めて全品280円均一料金という魅力的な価格設定になっているからです。とくに目玉なのは焼鳥で、スーパーの焼鳥の倍以上のジャンボサイズ。メニューは鶏肉を使ったものが60％以上で、刺身などの生ものはありません。居酒屋業界での材料費率は平均30％ですが、同社の材料費率はなんと60％とダントツに高いのです。

どの店もランチを出さず、昼の時間帯からパートの主婦が鶏肉を切って、串に刺す作業を数時間かけて行っています。セントラルキッチンを使わず、店内で串打ちすることで鮮度を確保しているのです。鶏肉は海外産を使うと冷凍になって味が落ちるので、すべて国産のチルド鶏肉を使っています。鶏肉を鳥貴族に卸している会社は同社に年間3800トンも納入しているため、小口の客より40％安い値段で売っています。

メニューのほとんどが焼鳥ですから、調理は鶏肉を焼く作業が中心。同社は電熱式焼鳥グリル器を自社開発しましたが、これはアルバイトでもすぐに調理ができ、遠赤外線で均一に焼けますし、火の管理も不要です。また同社では、調理方法などを徹底的に標準化・マニュアル化し、全国の店舗で味やサービスを均一化しています。

同社の店舗の多くは地下か2階以上にありますが、これは通りに面した1階の店より家賃が3割ほど安いからです。

大阪市内にある同社の本社ビルは、経費削減のために住宅街に立地していますが、なんと1階は全国の店で使う焼鳥のタレをつくっている工場です。ここですべてのタレを材料から何日もかけてつくっています。この秘伝のタレを全国の店舗に供給することで、味の統一に役立てているのです。

鳥貴族の因果関係マップは、２つのクイズからつくった2個のマップを結合して、図表35のようになります。

この因果関係マップや先ほどの文章から読み取れる鳥貴族のユニークな施策上のポイントは、次のとおりです。

- 「280円均一料金」という非常に安く、わかりやすい料金設定にしている（客増大）
- 家賃を低く抑えるために1階以外の店舗を使用している（コスト削減）
- メニューを鶏肉料理中心に限定している（コスト削減）
- 鶏肉はあえて国産の冷凍していないものを使用している（おいしさ向上）
- セントラルキッチンを使わず、鶏肉は昼間に店の中でカット・串打ちしている（おいしさ向上）
- 焼鳥専用グリルを開発し、アルバイトでも多くの串を同時に均一に焼けるようにしている（おいしさ向上）
- 秘伝のタレは本社内の工場でつくり、全国の店に供給することでおいしくしている（おいしさ向上）

図表35　鳥貴族の因果関係マップ

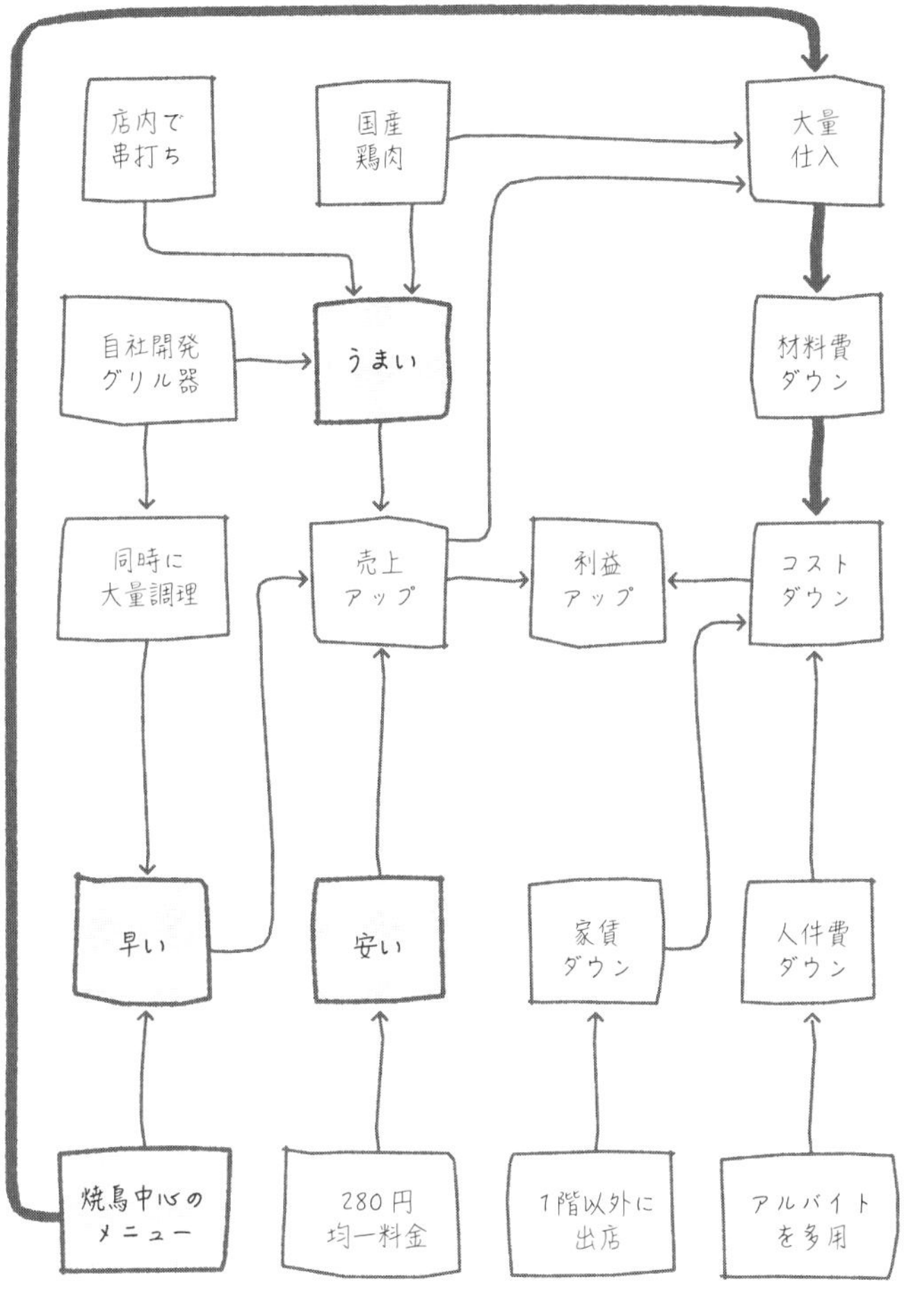

飲食店の儲かるしくみ分析② 大戸屋

クイズ①

池袋の大衆食堂から始まった大戸屋は大型定食屋チェーンに成長しました。大戸屋は業界の「常識」に挑戦することで、高級な食材を使わずに、おいしい料理を出すことに成功しました。その「常識に反した、安い食材でもおいしく料理する戦略」とは何でしょうか？

答 セントラルキッチンを使わず、各店舗で仕込みから行うこと。また、定食のおかずすべてを客1人分ずつ調理し、できたての料理が食べられるようにすること

解説 チェーン飲食店の基本的な戦略としては、食材を本部が一括して調達し、**セントラルキッチンで途中まで調理し、各店舗では調理の一部だけを行うのが常識**です。こうすることでコストを削減し、料理の味を均一に管理することができます。

これに対して大戸屋は、仕込みを含めたすべての調理を各店舗で行うことで、普通の食材でもおいしくなるように工夫しているのです。

具体的には図表36のように、店内で食材を仕込み、1食分ずつ調理することで、できたてほやほやの料理を客に出します。

また同社は、店舗で使う調理法は、できたてがおいしく感じられる「焼く・揚げる・茹《ゆ》でる」という3種類だけに限定しています。

クイズ②

大戸屋の本部は、メニューを考えたり、食材を調達したりするだけでなく、味を全店舗で均一においしくするために、調理器具や調理手順の教育にさまざまな工夫をしていますが、それはどういったものでしょうか？

図表36　調理を各店舗で行う効果

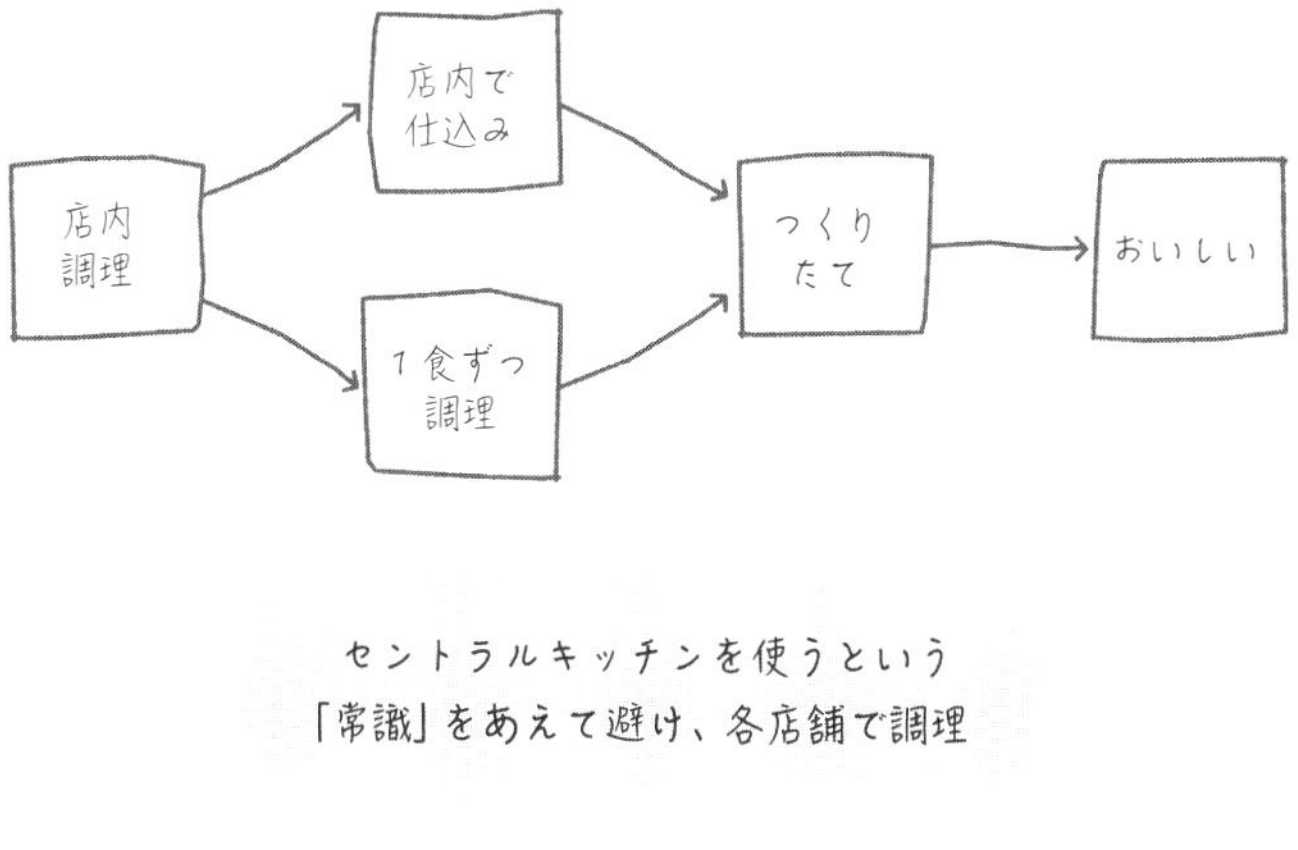

答　1人分ずつ調理できるような調理器具、1人分だけ素早く削れる自動鰹節削り機などの専用調理器を開発し、各店舗に配置している。また調理手順を細かく標準化し、ステップごとに説明したDVDを作成している。こうした施策のおかげで、アルバイト店員でも同じようにおいしく料理できるようにしている〈図表37〉

解説　大戸屋では、まとめてではなく1人分ずつ調理するため、よほど効率的な手順でやらないと時間がかかり過ぎて、客の待ち時間や人件費に悪影響を与えてしまいます。

そこで同社は、調理手順を本部で徹底的に研究し、最も効率的な手順を調べて、それを細かく標準化し、DVDマニュアルとして店舗に配布します。アルバイト社員はDVDを観て調理方法を覚えます。他の飲食店チェー

図表37　全店舗で均一においしくする工夫

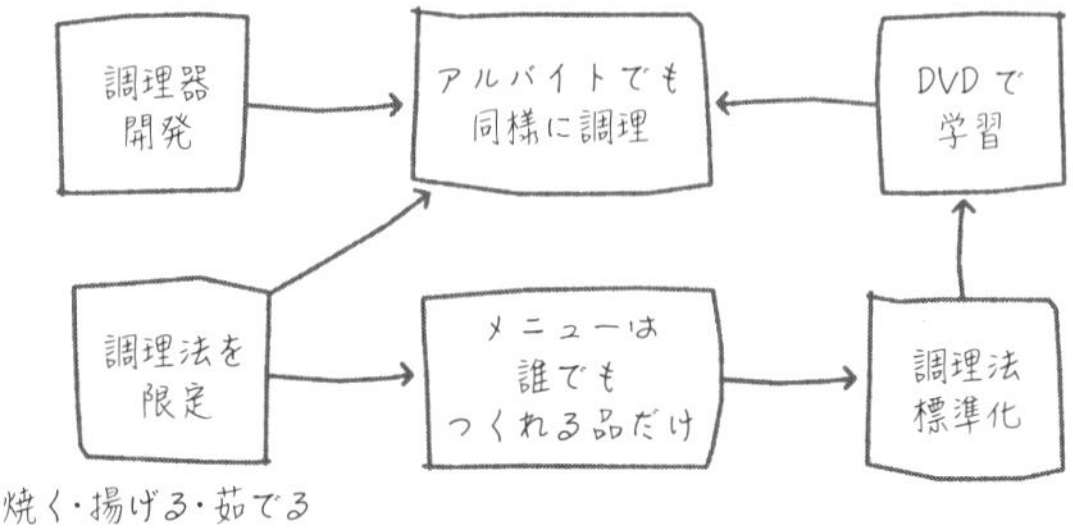

ンに比べて、同社はアルバイト社員の潜在能力をより多く引き出しているともいえます。

クイズ③

大戸屋は売上を増やすために、ある客層を狙った工夫をしています。どんな客層向けの工夫をしているのでしょうか？

答 とくに狙っているのは女性客

解説 定食屋といえば、「がっつり食べる」というイメージがあり、女性客は敬遠しがちでしたが、同社はあえて女性客に焦点を当てました〈**図表38**〉。「おしゃれなインテリア」「カロリーが少なく、野菜を多く使ったヘルシーなメニュー」「それほど多くないボリューム」といった点で工夫を凝らし、女性客から人気

図表38 大戸屋が売上アップのために狙ったもの

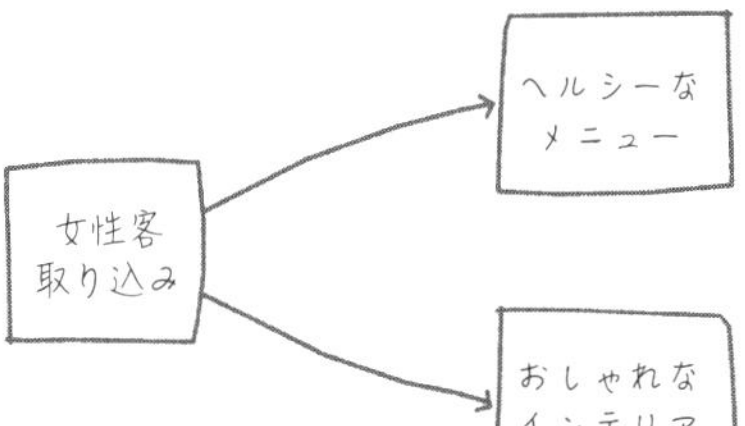

を集めています。
それでは、大戸屋に関する次の文章を読んで、因果関係マップを完成させましょう。

大戸屋はなぜ成功したのか？

かつて日本のどこにでもあった大衆食堂ですが、いまではほとんど見かけなくなりました。大戸屋は池袋の大衆食堂から全国に400店舗を展開する定食屋チェーンに成長。売上は2001年の50億円から15年には246億円に増え、海外にも進出して人気を呼んでいます。

同社の成功の秘密は「常識に挑戦する」という考え方です。

大戸屋はセントラルキッチンをあえて使用しないことで、他のレストランとの差別化を図ってきました。セントラルキッチンは、人員や器具の効率化を図ることができますが、大戸屋は、わざわざ店で一から調理して、客に提供するということにこだわってきました。

この戦略は、大企業と同じことをしても、生き残ることはできないだろうと考え、中小企業しかできないことをしようという逆転の発想でした。おかげで「普段、日本人が家庭で食べている味」という同社ならではのブランディングを実現することもできたのです。

定食屋というと「がっつり食べる」というイメージがあり、女性は敬遠しがちですが、大戸屋の女性客の比率は40%以上。これはあるとき、当時の社長が女性客でも焼き魚を食べていることに気づき、「女性でも入りやすい定食屋」というコンセプトで、しゃれたインテリア、ヘルシーなメニューなどによるブランディングに成功したからです。

同社の店では、手間がかかる方法でも、料理をあえて材料からつくっています。すべての食材は店内で「仕込みさん」という仕込み専門係が毎日朝から仕込んでいます。トンカツの豚肉はブロック肉を仕入れて店でスライスし、しかも揚げる直前に衣をつけています。大根おろしはつくり置きせず、1食分ずつ配膳直前につくっています。鰹節は半年熟成という料亭で使うような高級品を、特注した店内の鰹節削り機で削っています。理由は「そのほうがおいしい」からです。

こんなに手間をかけていても、定食の値段は800円〜1000円とリーズナブル。これだけ手間をかけているのに、どうしてこの値段で提供でき、どうして日本全国の店で均一の味を出せるのでしょうか。

他のチェーン店と同様、大戸屋も店員の大半はアルバイト。同社のメニューはアルバイトでもつくれるような工夫がなされています。たとえば調理の仕方をDVDマニュアルで誰でもできるように教え、各材料を皿のどこにどのように盛りつけるかまでも標準化しています。また電熱ヒーターでセラミックを温め、炭火のように遠赤外線を出すグリル器を使うので、アルバイトでも焼き料理が簡単にできます。

同社のメニューは熟練を要する料理を排除しつつ、おいしくするポイントを突いた工夫をしており、基本的な料理方法は、焼き物（焼き魚など）、揚げ物（鳥の唐揚げ、トンカツ、コロッケなど）、茹で物（麺類など）しかありません。

同社は鰹節などの調味料を除いては、高価な食材を使わずに、おいしくする工夫をしています。一番大きな工夫が「調理してから出すまでの時間を短くすること」です。大根おろしはおろしてから数分間で辛くなりますし、おろしたてのほうが醤油がおいしく感じるので、わざわざ個別におろして出します。鰹節も高級品を削りたてで使うから風味が違うのです。つまり同社は、実際に食べてみておいしいと感じる場合だけ手間をかけた上で、調理から食べるまでの時間を短縮しているのです。

大事なことは、常に高級な食材以外の「おいしさに影響する因子」を探求していること。ひと皿当たり10秒余分に手間がかかったとして、そのコストは10円前後に過ぎませんが、それで確実においしいと感じるならそれは付加価値です。

また同社は、アルバイト社員でもできる複雑さの限界まで能力を使っているといえます。「料理を誰でもおいしくつくれる方法」を見つけて（逆にいえば誰でもおいしくつくれる料理しか選ばずに）、それを再現しやすい細かいステップに分けているのです。

大戸屋の因果関係マップは**次ページ図表39**のようになります。このマップや右の文章から読み取れる大戸屋の施策のポイントは次のとおりです。

- **調理法の種類を「焼く・揚げる・茹でる」の3種類に限定している（おいしさ向上）**
- **1人分ずつ料理し、できたてを出す（おいしさ向上）**
- **誰でもおいしくつくれる方法を見つけ、細かいステップに分けている（おいしさ向上）**
- **おいしくできるなら、ひと手間余計にかけている（おいしさ向上）**
- **セントラルキッチンを使わず、店内で食材を仕込む（おいしさ向上）**
- **しゃれたインテリアを使い、ヘルシーなメニューを提供（女性客拡大）**
- **アルバイトの潜在能力をフルに使ってかなり複雑な作業をさせている（能力のフル活用）**

図表 39　大戸屋の成功要因の因果関係マップ

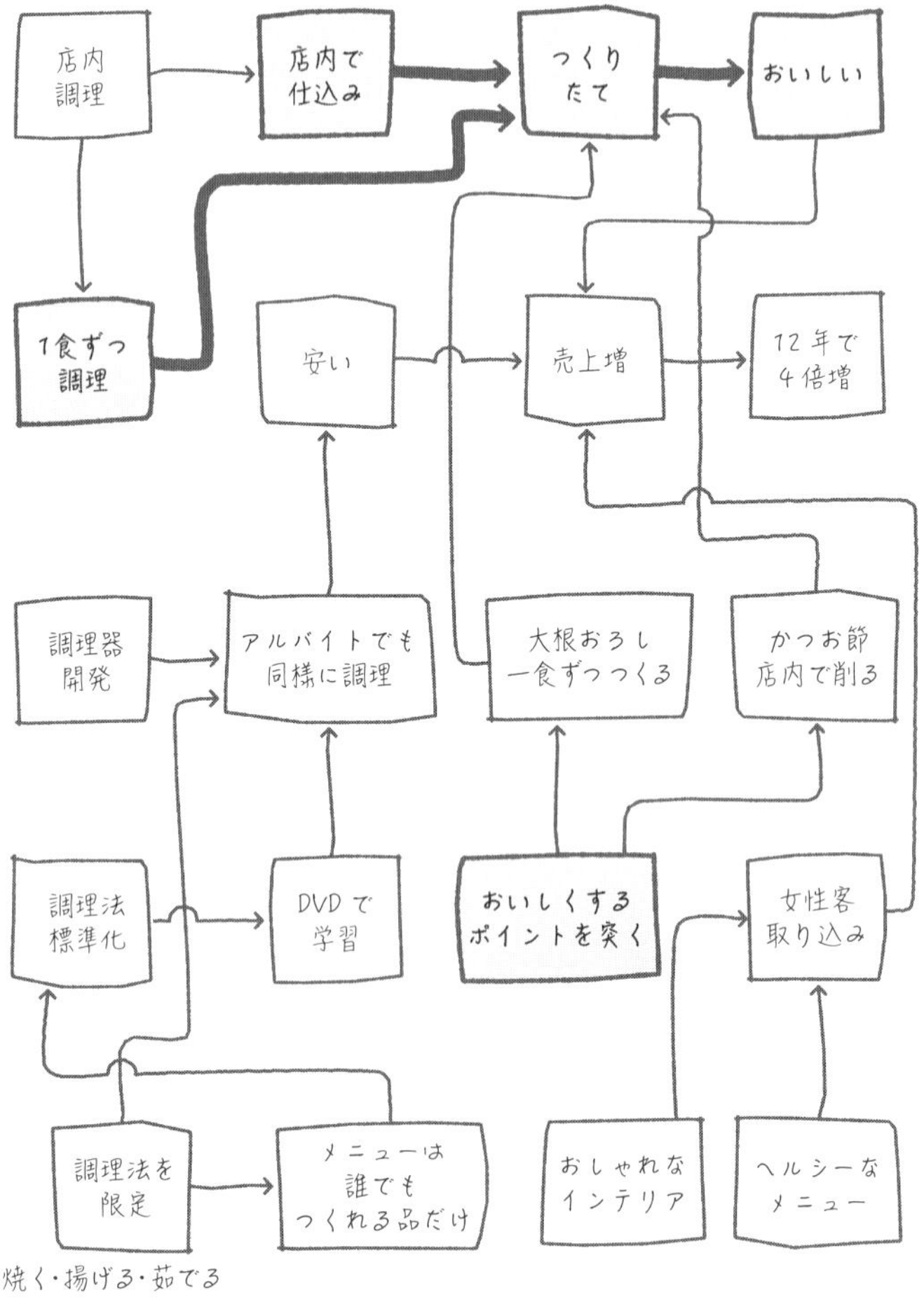

飲食店の儲かるしくみ分析③　四十八漁場

クイズ

居酒屋チェーンといえば、安くて幅広い料理のメニューを売りにしている店が多い中で、四十八漁場《よんぱちぎょじょう》というチェーンは魚介料理に特化し、魚の鮮度が高いことと種類が多いことを売りにしつつ、リーズナブルな値段で提供しています。漁師との協力関係に秘密があるのですが、さて、同社チェーンはなぜ新鮮な魚を低価格で提供できるのでしょうか？

答　漁港と提携して社員を常駐させ、獲れた魚を一括購入しているため。また漁師に魚の鮮度が長く保てる特殊な締め方を教え、船上で締めてもらった魚を使っているため

解説　いくつかの漁港に社員を常駐させ、獲れた魚を大量に購入。しかも「神経締め」と呼ばれる特殊な締め方をすることで高い値段で買い取るので、漁師の生活が安定します。獲れたての魚を直接調達し、各店舗に配送するため、新鮮な魚を低価格で提供できるのです。また、漁師と会社の両方が得をする、ウィン・ウィンの関係も構築できます。これを示した

のが図表40です。

それでは四十八漁場の事例を読みましょう。

四十八漁場の成功の秘密

四十八漁場は、多数の人気外食チェーンを経営するAPカンパニーによる魚中心の居酒屋チェーン。同社は提携漁港に社員を派遣し、漁協に「神経締め」する方法を伝授し、それを施した魚を通常より高く安定的に買う契約をすることで、鮮度の高い魚を仕入れています。社員は提携した漁港に常駐し、漁船に乗って仕入れる魚を選んでいます。

図表40 新鮮な魚を安く仕入れる工夫

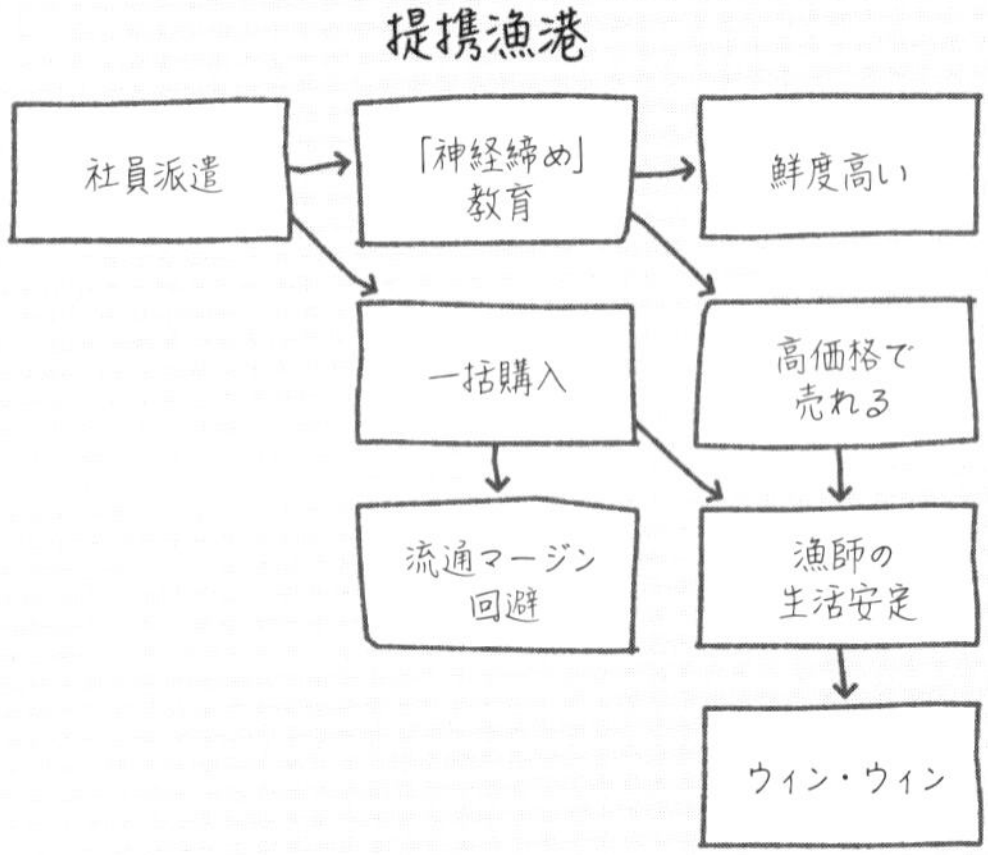

「神経締め」とは、細い針金を魚の頭から背骨に差し込み、魚の神経を抜くことによって、魚の筋肉が死後に動かないようにする特殊な方法。魚の身が傷みにくくなり、鮮度のよい状態が24時間以上延びる反面、高度な技術を要します。漁師たちは難しい神経締めを努力してマスターし、付加価値を高めています。漁港で獲れた魚は、市場を通さず店に直送されるので、流通マージンが省けますし、魚のバイヤーからは、店員向けに魚に関する詳しい情報が発信されます。

同社のビジネスモデルは、「漁師・漁協」と「魚のバイヤー」と「店員」を緊密に結びつけたことで、大きな付加価値を生んでいることが特徴。このしくみは漁師にとっては魚を高く、安定的に買ってくれるし、APカンパニーにとっては魚市場では入手できないほど新鮮な魚を安く仕入れられるため、ウィン・ウィンの関係ができます。

またバイヤーは、普通は市場に流通しない、地元でしか消費されないような魚も買い取ります。仕入れた魚の詳細情報はバイヤーから店に発信されますから、店員は客になじみのない魚でも詳しい特徴を紹介することが可能。客にとっては、知られていないがゆえにあまり流通していない珍しい魚を注文できます。店では店員が客に多数の魚を桶に入れて見せて、客は好きな魚を好きな方法で料理してもらえます。まさしく高級割烹《かっぽう》のサービスを居酒屋チェーンで実現しています。

店で提供するのは同社が直接買い入れた魚に限られますが、新鮮で安く、しかも魚に関する情報を得られるので、客には好評です。また漁港から神経締めした魚を直送するので、魚の鮮度が極めて高く、普通の居酒屋では食べられない食感でおいしく感じます。社員を漁港に常駐させるコストよりも、市場を通さず仕入れることでのコスト削減や、他店より新鮮でおいしい魚が提供できるメリットのほうが大きいのです。

こうした要素を因果関係マップに落とし込むと、**図表41**のようになります。

この因果関係マップから読み取れる、四十八漁場のユニークな施策上のポイントは次のとおりです。

- **漁港に社員を常駐させて、魚を漁船ごと、市場を通さずに買っている（コスト削減）**
- **漁師に神経締めをしてもらい、手間がかかる分だけ高く魚を買っている（鮮度向上）**
- **市場にあまり流通しない魚の情報を店員が客に説明することで、なじみのないために不人気だった魚が、客にとっては価値の高いものに変わる（知られていない魚を逆手に取って拡販）**

図表41　四十八漁場の成功要因の因果関係マップ

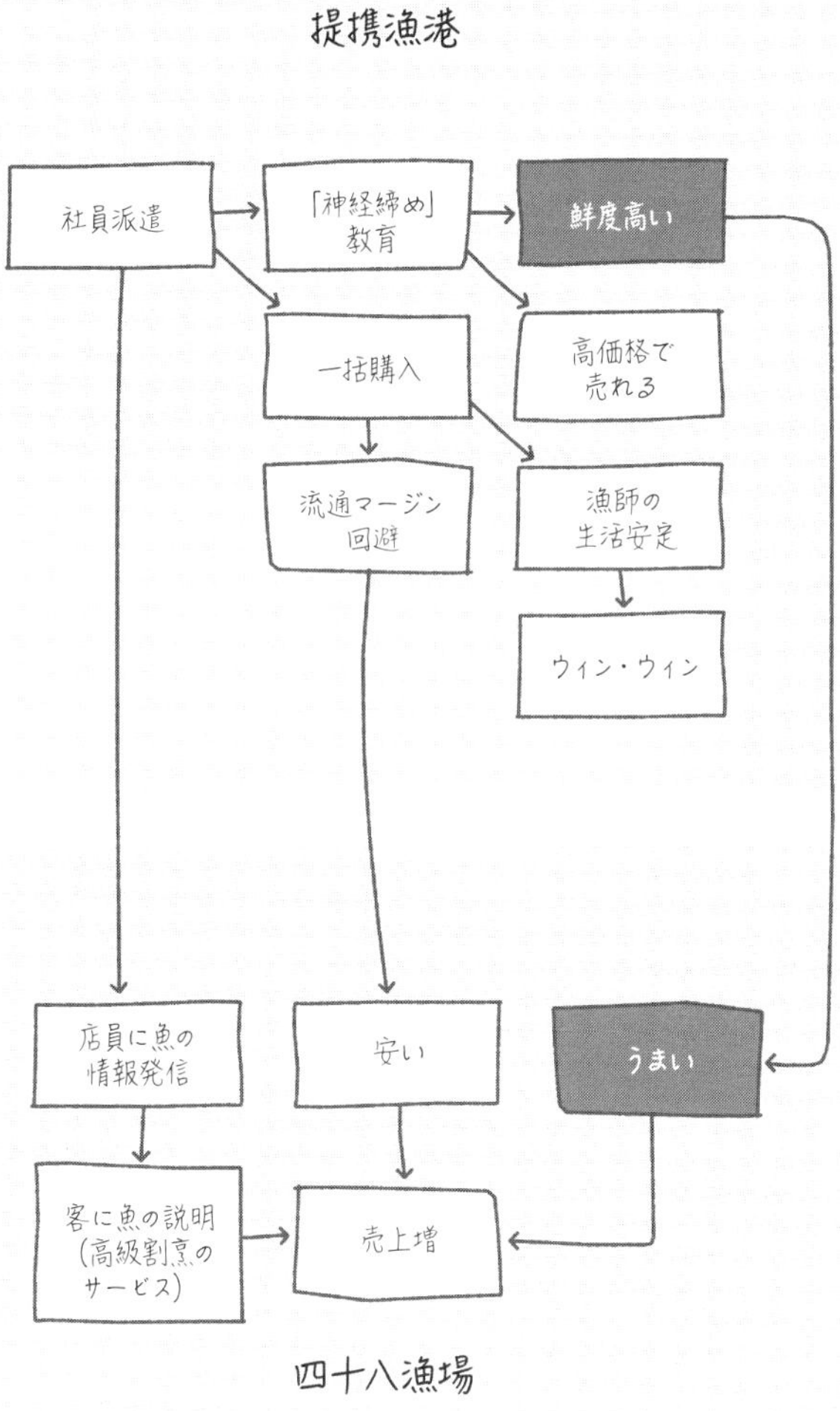

飲食店の儲かるしくみ分析④　丸亀製麺

クイズ

最近、丸亀製麺をはじめ、讃岐うどんチェーンが人気です。人気の原因のひとつは、そのコシの強い食感。しかし、讃岐うどんは茹でるのに十数分かかり、注文があってから茹でると客を待たせます。かといって、あらかじめ茹でておくと、うどんがのびてコシの強い食感が損なわれてしまいます。つまり「おいしさ」と「待ち時間の短さ」が両立しにくいのです。

讃岐うどんチェーンでは、どのようにこの問題を解決しているのでしょうか？

答　うどんが茹で上がるとすぐに冷水で冷やして保存する「茹で置き」という方法を使っている

解説　茹で置きによって、茹で上がってから20分くらいまで、うどんの強いコシを保つことができます。客は店に入るとカウンターでうどんを注文し、すぐに受け取ったら、そのままトッピングをセルフサービスで取って最後に支払いを済ませます。これでファストフード以上に早く料理を食べ始めることができます。茹で置きという方法がなければ、このビジネスモデルは成り立ちません。

それでは、丸亀製麺に関する文章を読んで、因果関係マップを描いてみましょう。

丸亀製麺はなぜ成功したのか？

丸亀製麺は讃岐うどん専門のチェーンレストランで、全国で800店舗以上を展開しています。同店の特長は、讃岐うどんにメニューを絞って、ファストフードレストランの三大価値である「早い・うまい・安い」を実現していることです。

同店は通常のレストランチェーンの原則に反して、セントラルキッチンを使わず、店内で手づくりで調理しています。うどんは粉から店内でこねて寝かし、店内に設置した機械で製麺し、切らずに保存します。ダシも天ぷら類もおにぎりも店内で原料からつくります。このため厨房には多数の店員がいます。

丸亀製麺の店に入った客は、まずカウンターの前に並んでメニューからうどんの調理法を選びます。メニューは基本的に冷・温・ぶっかけの3種類のうどんのみ。注文するとうどんを入れた鉢が渡されます。客はカウンターを進み、セルフで好きな具を選んで取り、最後にレジで支払うので、客にとっては待たされず、店は人件費が節約できます。

厨房の奥には製麺機が置いてあります。麺が少なくなると従業員がうどんを切って、直ちに釜に入れて茹でています。うどんは切ったまま保管すると乾燥してざらつくため、切ってすぐに茹でたほうが食感がよくなるのです。同社は「打ちたて」「茹でたて」「締めたて」を売りにしていますが、これは讃岐うどんのコシに大きく影響するからです。

茹で上がった麺はただちに冷水で締めて「茹で置き」するため、食感が保たれています。注文を受けたら麺をさっと湯通しし、容器に入れて汁を入れるだけなので、食感のよい麺を早く出せます。ダシや具は店内で調理してできたてを出すため、おいしく感じます。このおかげで料理に対する満足度が高いのです。

価格は300〜500円前後と安いですが、うどんの材料は安価な小麦粉なので材料費自体も安くて済みます。それでもおいしいので、総合満足度は高く、これが来店客数を押し上げています。客が席で待たされることがないため、客の回転は速く、おかげで多数の客が押しかけても対応できます。このおかげで店の売上は高く、食材を大量購入できるため原価を低減できます。

丸亀製麺はあえて非効率な「店内の手づくり」にこだわるため、コストが上がりますが、平均客単価は500円前後と低めです。それでも儲かるのは、多くの客が来るからです。その戦略は、顧客を味やサービスで感動させて、リピーターになってもらい、薄利多売で商売すること。その意味では、手づくりのためのコストを「集客のためのマーケティングコスト」ととらえるところがユニークです。

この因果関係マップは次ページ図表42のようになります。ここから読み取れる丸亀製麺のユニークな施策上のポイントは次のとおりです。

- **店内で製麺した直後に茹でる（麺の食感向上）**
- **茹でた麺を冷水で締めることでうどんがのびるのを防ぎ、茹でたての食感を維持する（麺の食感向上と客の待ち時間短縮）**
- **セントラルキッチンを使わず、店内でトッピングやダシを調理して出す（おいしさ向上）**
- **客が自分でうどんを受け取った後にトッピングを選ぶセルフサービス（待ち時間短縮と客の回転向上）**
- **平均客単価は500円前後と安い（訪問客増大）**

飲食店を分析したところで、次の項からは、それ以外の業界の事例も見てみましょう。

図表 42 丸亀製麺の成功要因の因果関係マップ

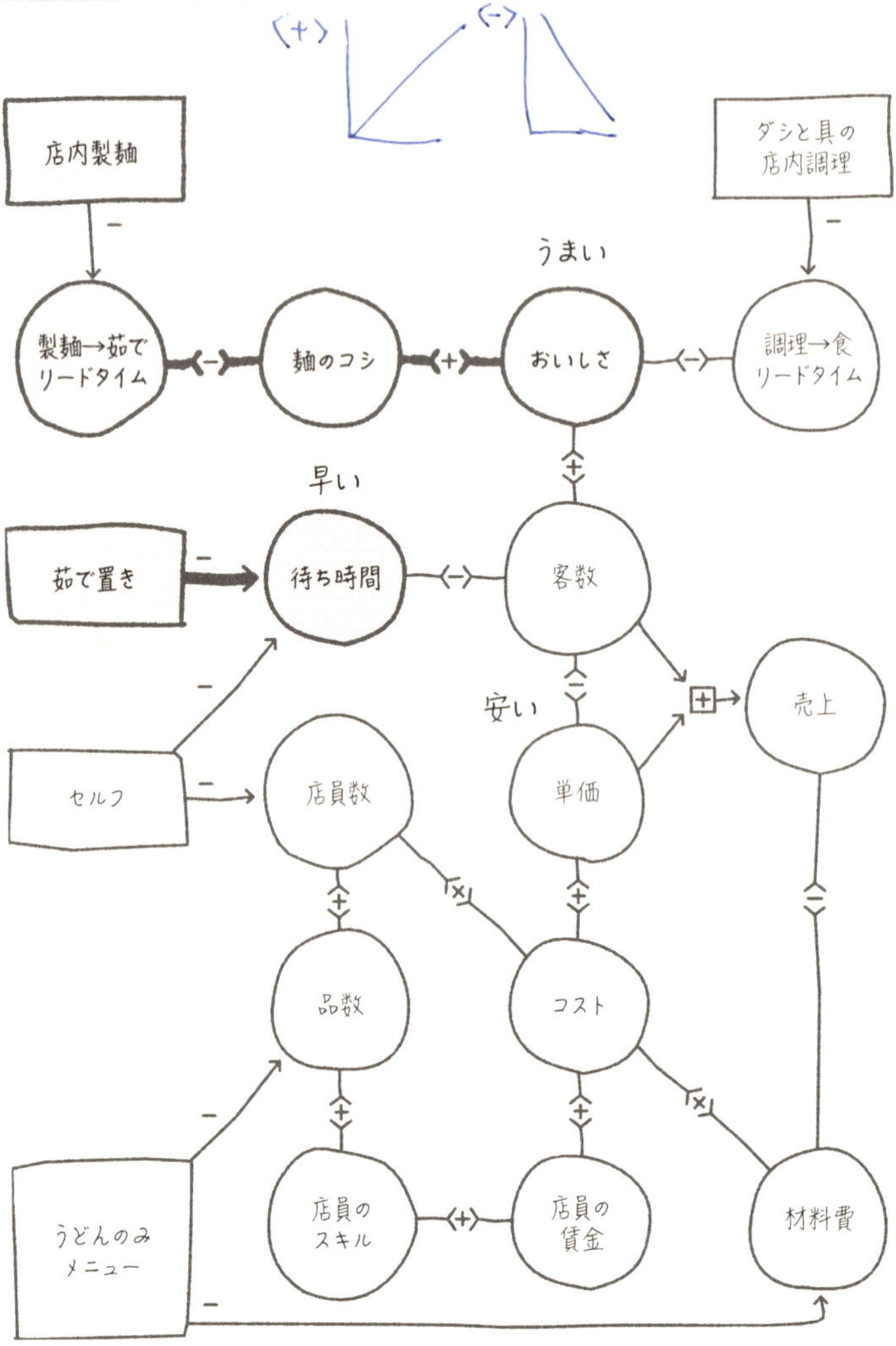

サービス業の儲かるしくみ分析① コンビニ

クイズ

コンビニは「近くにあって、何でも揃っていて便利」という価値を売りにしているので、店舗を多数配置する分散配置出店で集客力を上げています。店舗数を増やせば、消費者からの距離が縮まり、売上アップにつながるのです。

一方でコンビニでは、賞味期限が時間単位で指定される弁当類も売っているので、すべての店に毎日何度も配送しなければなりません。

店舗数を増やして、しかもそれぞれの店舗に毎日何回も配送するとなると、物流コストがかかり過ぎ、スーパーに比べて価格が高くなり過ぎます。つまりコンビニというビジネスモデルには、「分散配置出店」と「物流コスト増大」というジレンマがあるのです。コンビニ業界は、どのようにこれを解決しているのでしょうか？

答 コンビニチェーン独自の物流センターを設置し、その周辺に集中的に出店する戦略（ドミナント戦略）を取っている

解説 ドミナント戦略の「ドミナント」とは、「支配的」とか「圧倒的に強い」という意味。コンビニチェーンは物流センターを建設して、その周辺に集中的に店舗を配置しながら、全国に店舗ネットワークを拡大します。こうすれば、トラックは物流センター周辺の店舗を次々と回りながら配送ができるので、物流コストが抑えられます。これを変数の因果関係マップで描いたのが**図表43**です。

物流センターから離れた孤立店舗は採算に合わないので、開設しないのが基本方針です。業界トップのセブンイレブンでも、出店していない地域は全国に多数あります。**他の業態に比べて配送の頻度が多いコンビニの出店場所は「物流」に**

図表43 ドミナント戦略とは？

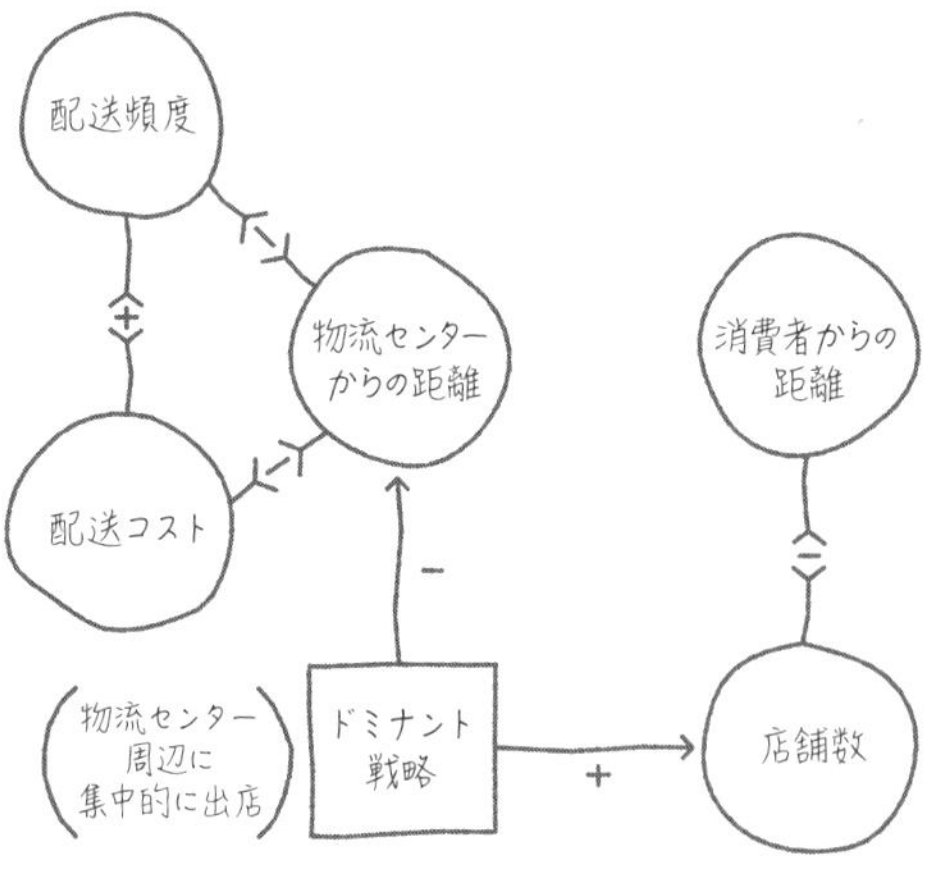

よって制約されているのです。

それではコンビニについての文章を読んで、因果関係マップを完成させましょう。

コンビニのビジネスモデル

コンビニの価値をひと言でいえば、セブンイレブンの宣伝文句「開いてて良かった！」つまりコンビニエンス（便利さ）です。ちょっとした買い物をわざわざスーパーや専門店に行かずに済ませたいというニーズはいつの世でもあるもので、「よろず屋」は昔からありました。コンビニはよろず屋をシステム化して圧倒的に儲かるビジネスモデルに仕立てたもの。「広く浅く」品揃えして、小規模な店舗をたくさん出店すれば、徒歩数分圏内に住んでいる住民にとって便利な店になります。

コンビニのビジネスモデルの基盤にあるのが「物流のジレンマ」です。小さな店をたくさん出すと、店内の在庫スペースは限られているため、多くの店に少しずつの商品を運ばなければなりません。賞味期限が1日以内の生ものを扱うなら、1日に何度も配送する必要があります。大きな中央物流センターから配送すると、輸送コストがかかり過ぎます。しかし物流センターを分散配置すると、それぞれの配達する店数が少な過ぎて、やはり輸送コストがかかり過ぎます。

この解決法は「物流センターを分散配置し、その近辺に集中的に出店する」という「ドミナント戦略」です。新たに進出する地域に少数の物流センターを設置し、その周辺だけに出店します。つまり、まんべんなく出店するのではなく、物流センターから半径10キロ余りの中に数十店を集中して出店するのです。

商品カテゴリーの種類が多いので、多くのメーカーや問屋から仕入れをしなければなりませんが、地域の物流センターでは多品目を混載して店舗ごとの塊にすることで、店舗には1日に複数回という多頻度で必要な分だけが運ばれます。これによって各店の倉庫スペースは最小化され、狭い店舗面積でも最大限に売り場にできます。

もうひとつの特徴は、本部側がすべての事務処理を代行すること。こうすることで、店は届けられた商品を売ることだけに集中できます。しかしこのような多頻度配送を実現するには、「何がいくつ売れたか」という情報をリアルタイムで本部に送る必要があります。このためオンラインの販売管理・在庫管理システムが構築されました。

また「単品管理」も徹底しています。これは毎日、全品目に関して売上と在庫を調べ、品切れによる機会損失がなかったか分析するものです。それまでの小売業では「売れた品目を補充する」という考えはあっても「機会損失を最小化するために売上変化に関して仮説検証サイクルを繰り返す」という概念はありませんでした。

セブンイレブンは、小売業界で初めてこの考え方を取り入れました。各店の店長が販売・在庫情報を分析し、店頭での自分の観察を加えて、たとえば「先週の土曜日の午前中にA弁当が多く売れたのは、近くの小学校で運動会があったからだ」という仮説を立て、次の学校イベントに向けて仕入れを増やして仮説を検証するといったことが行われました。

こうして店舗の事務処理は全部本部で代行した分だけ、店舗では「何が売れるか」を考える時間ができ、しかも店舗側の判断で商品を発注できますから、店舗ごとにダイナミックに品揃えが変化します。つまりコンビニとは、本部側が商品を押しつける「プッシュ型」ではなく、店舗側が品揃えの判断をする「プル型」の小売業態なのです。

コンビニの商品はモノだけでなく、サービスにも拡大しました。店頭に端末を設置し、映画・コンサートのチケット販売やコピーサービスなど、さまざまなサービスを取り扱っています。最近では電話やネットで注文を受けつけ、弁当や品物を店員が消費者に直接届ける宅配サービスも始まっています。さらに「イートインコーナー」が充実したコンビニは、ファストフード店の脅威にもなってきました。

いまやコンビニは、特定のモノを売る店というより、消費者に最も近い「場所」を確保し、そこから次々と仮説検証サイクルを回して、新しいモノやサービスを提供するという「イノベーションの場」になりつつあるのです。

コンビニの因果関係マップは、**図表44**のようになります。このマップから読み取れるコンビニのユニークな施策には、次のようなものがあります。

- **物流センターの周辺に集中的に出店する「ドミナント戦略」を取っている(出店戦略)**
- **本部がすべての事務処理を代行するので、店は「届けられた商品を売ること」だけに集中できる(役割分担の明確化)**
- **店員が毎日、商品ごとに売れた数や在庫数を調べる「単品管理」を徹底しているため、店員自らが過剰在庫を防ぎつつ、品切れによる機会損失も減らすように仮説検証をするようになる(店舗が品揃えを判断)**
- **商品の販売だけでなく、銀行・宅配便・飲食店などサービス業の店舗の代わりにもなる(さまざまな「場」の提供)**

図表44 コンビニの因果関係マップ

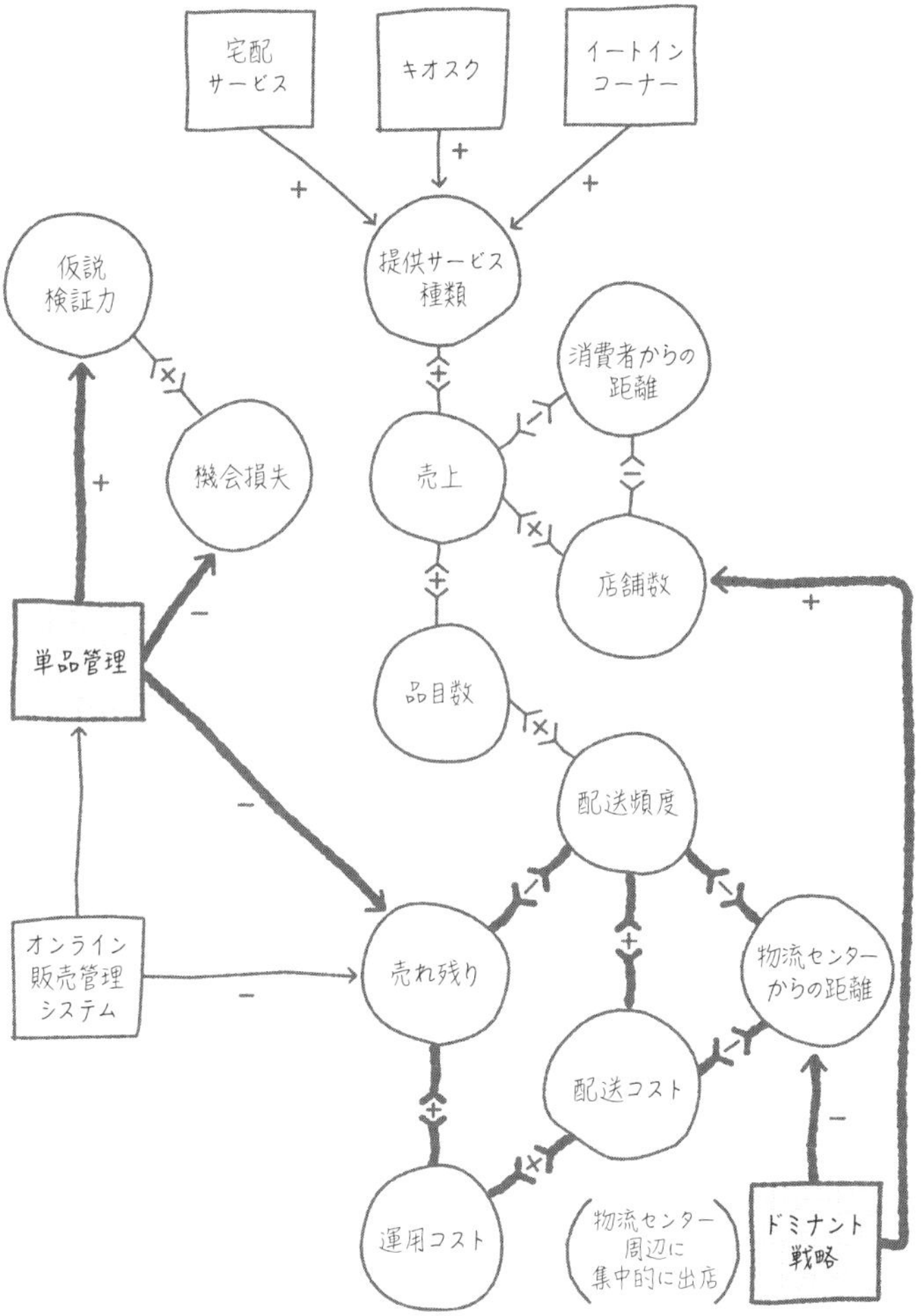

サービス業の儲かるしくみ分析②　ＱＢハウス

クイズ

格安理髪店チェーンのパイオニアで、「10分の身だしなみ」を合言葉に掲げるＱＢハウスは、散髪の時間を短くするために「ある工夫」をしています。これは、客の来店頻度を上げる効果もあるのですが、その工夫とはどんなものでしょうか？

答　髪の毛を切り過ぎないこと

解説　10分でカットを終え、自然な仕上がりにするため、髪の毛を切り過ぎないのは効果的。料金が安いので、伸びたらまた来ればいいやと思ってもらえるのもポイントです。

ＱＢハウス成功の秘密

戦後、理髪店と美容室は既得権保護のため法律で厳格に区分され、また理髪店組合の価格協定などで高サービス・高価格のビジネスモデルを維持してきましたが、90年代にローコスト理髪店が出現しました。1080円でヘアカットを行うQBハウスを運営するキュービーネットは、1996年に第1号店を出して以来、急拡大し、ローコスト理髪店としては圧倒的なシェアを誇っています。

QBハウスの特徴は次のとおりです。まず一般の理髪店・美容室とは異なる設備を利用しています。カットにかける時間は約10分。10分を超えることもありますが、追加料金は取りません。ヘアカットだけを行い、顔そり・シャンプー・ブローは行いません。シャンプーをしない代わりに、散髪後に「エアウォッシャー」と呼ばれる掃除機を使って、頭部に残った髪の毛を取り除いています。

店外から見える場所に、混雑状況の目安がわかる色灯が設置されています。点灯色が緑なら「すぐできる」、黄なら「5~10分待ち」、赤は「15分以上待ち」です。この様子は公式サイトからも確認できます。またスマホ用アプリで店の混雑具合をチェックするだけでなく、自分の好みの髪型を指定して、来店時に理髪師に見せることもできます。

店内は、「システムユニット」と呼ばれる定型化された設備と、定型化されたスタッフの動きにより省スペース化が図られています。湯を使わないため、水まわり関係の設備が不要なことから、利用者1人あたりに要するスペースが少なくて済むのも特徴。駅構内や商業ビルの空いたスペースを利用できるほか、家賃も安くなります。駅前や都心の人が集まりやすい便利な場所にあり、かつ10分で終わるので、ちょっとした隙間時間を使って散髪する客を取り込むことができます。

ビジネスモデルとしての特徴は次のとおりです。まず10分程度で1人の散髪が終わるため、通常の理髪店に比べて客の回転率が高くなります。経費の多くが人件費と店舗の賃貸費用のため、10分で1080円を維持することはチェーン展開時の採算ラインを割らない必要条件。「切り過ぎることなくいまの髪型を維持して自然な仕上がりに」という事も謳《うた》っており、結果として顧客の最低限の満足を得るだけでなく、来店回数を増やすことで、顧客当たりの売上額も高めています。

これらは簡易な設備とシステムで可能になるため、同業でなくても参入しやすく、コモディティ化しやすいビジネスモデルです。その中でトップの地位を守るため、QBハウスは人材育成に力を入れています。同社では、新入社員を店に派遣する前に実習を行い、店舗派遣後も本部から指導をして、10分で確実に散髪が終わるように指導してくれます。この場合に指導するのは、理髪技術というより、客の要望を聞く技術のほうに比重があります。またQBハウスは客の回転が速いため、従業員は短期間に多く髪を切る経験を積むことができ、技術の上達が早いので、若手従業員に人気があります。

なお、東京近郊では、同社は同じ鉄道路線沿いに集中的に出店する傾向がありますが、これは同じ沿線上なら社員の配置をフレキシブルに変えられることや、新規出店の際に既存の店の社員を派遣しやすいからであると考えられます。

ＱＢハウスの因果関係マップは次ページ図表45のようになります。このマップから読み取れるＱＢハウスのユニークな施策には、次のようなものがあります。

- 洗髪や顔そりなど理髪店で当たり前だったサービスを廃止することで低価格を実現した
- 洗髪や顔そりの廃止で、水まわりの設備が不要になり、店舗の小型化が可能になった
- 料金は自動販売機で前払いにすることで理髪師は本来の業務だけに集中できるようにした
- あえて切り過ぎないようにすることで、客の来店頻度を上げた
- 駅構内など単位面積当たりの家賃が高いが、多くの人が通過する場所に出店する
- 同じ鉄道路線沿線に集中出店することで、社員の配置を柔軟に変えることができる
- 客の回転が速いため、若い理髪師の腕の上達が早く、それが優秀な人材を集める
- 理髪師ごとの散髪時間を監視し、10分で終わらない社員には本部が指導する

図表45 QBハウスの因果関係マップ

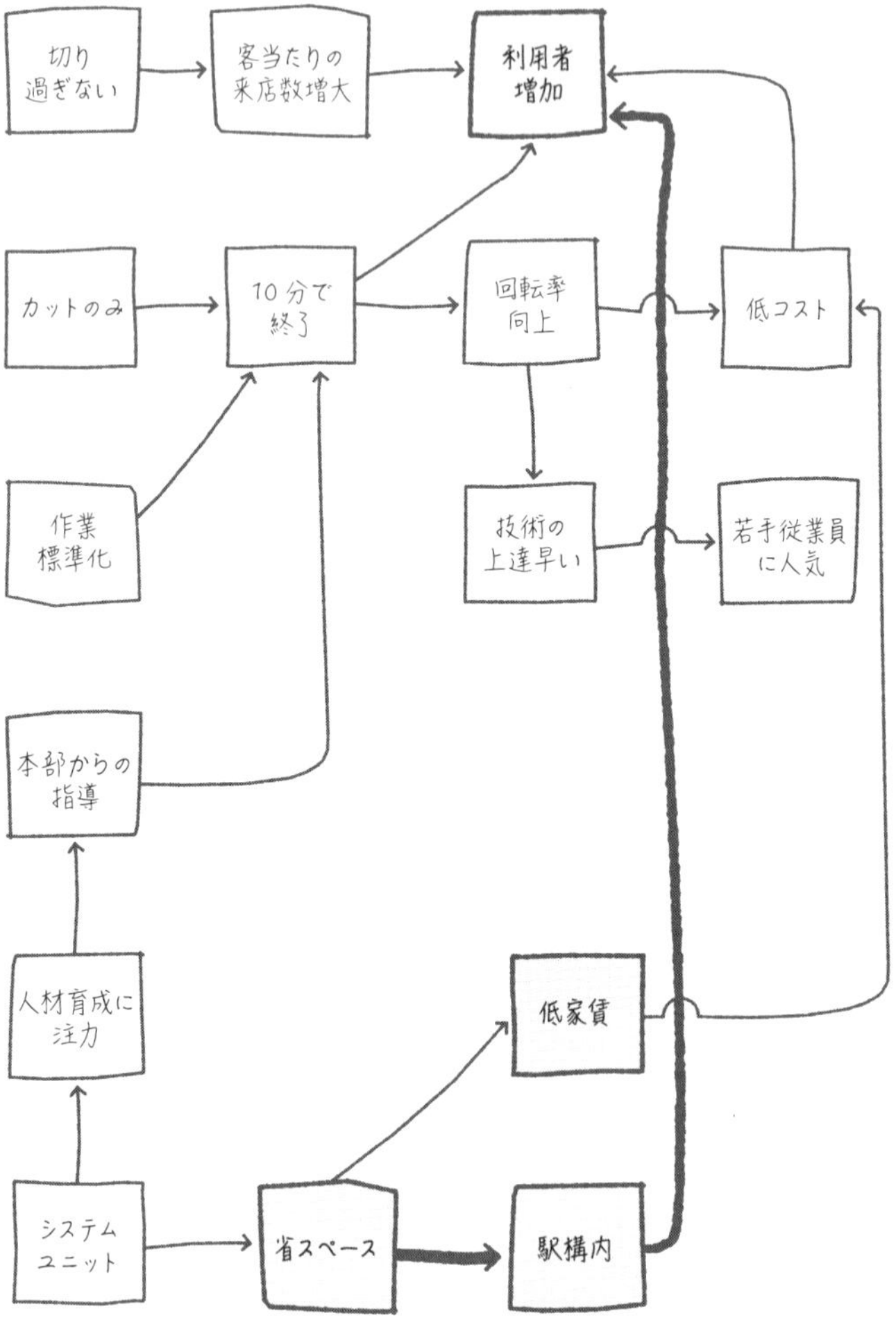

サービス業の儲かるしくみ分析③　スーパーホテル

クイズ

「低価格で高サービス」を売りに成功しているビジネスホテルのスーパーホテル。客室には、他のほとんどのホテルで備えられている「ある設備」がありません。いったいどんな設備がないのでしょうか？

答　電話がない

解説　いまや宿泊客のほとんどが携帯電話を持っているため、各部屋に電話は置いていません。客室は寝るときに暗くした後は広さは関係ないので広くなく、ロビーや食堂部分も狭く、内装に金もかけていません。「100人に1人しか困らないサービスは切り捨てる」という考え方です。

それでは、スーパーホテルについての文章を読んだ上で、因果関係マップをつくってみましょう。

スーパーホテルはなぜ成功したのか？

約20年前に参入し、現在では110店舗以上を展開するスーパーホテル。客室稼働率は約90％、顧客のリピート率は約70％と、他の格安ビジネスホテルに比べて大成功しています。その背景には、ホテル業界の常識を次々と覆すメリハリの利いた経営戦略があります。

スーパーホテルの宿泊料金は5000円前後と、ビジネスホテルでは安い部類に入ります。チェックインすると、フロントには1人しか係がいません。自動チェックイン機が設置されており、客が自分でチェックインすることもできます。

前に宿泊したことがあれば、住所や電話番号の記入も不要。支払いは前払いだけで、チェックインした際に領収証を渡されますが、そこには部屋の暗証番号が書いてあります。客室の鍵はすべて番号鍵で、チェックインするごとに新たな暗証番号を割り当てています。

客室は普通のビジネスホテルと同程度で広くはなく、客室にはバス・トイレが完備されているものの、別に大浴場があります。多くの場合、大浴場は温泉ですが、これはある施設に設置したところ非常に好評だったので全国展開したそうです。

また朝食はついており、料理の種類は少なく、豪華ではないものの、味はまずまず。料金はチェックイン時に払ってあるため朝のチェックアウトは不要で、そのまま出て行くだけです。

スーパーホテルを貫くキーワードは「満足度の高い合理性」。業界の常識を一つひとつ問いただし、顧客に届ける価値のコンセプトを明快にし、それ以外のものは思い切って捨てます。

メインコンセプトは「快眠」で、ぐっすり眠れることが顧客にとっての最大の価値と考えます。そのため外壁は金をかけても防音構造にしています。ベッドは高級マットレスを使い、ロビーには7種類の枕を揃えてあります。「眠れなければ宿泊料返金」という宿泊品質保証制度を導入し、返金した金額でCSを定量化して、安眠の妨げになる要素を一つひとつ除去してきました。

同社はIT化には大きな投資をし続けてきました。ホテル参入前、ウィークリーマンションを経営していた際にITシステムを構築し、それをベースにホテル用システムを開発したのです。経理もIT化し、キャッシュレス、ペーパーレスオペレーションを可能にしています。顧客の情報はCRM（顧客管理システム）でIT管理し、CS（顧客満足）のアンケート調査も本部で一元管理。本社のコールセンターでも各ホテルの苦情を受けつけており、CS責任者がクレーム客と直接会って話を聞きます。

また同社は長期滞在客が毎日タオルやシーツを交換しないことを意思表示できるようにして、経費削減と環境配慮のロハスブランドという一石二鳥を実現。通常のホテルのように客室に歯ブラシや寝巻を置いておらず、必要ならフロントでもらう方式です。

以上の説明からスーパーホテルの因果関係マップをつくると、**図表46**のようになります。また、変数型マップで描いてみると、たとえば178ページ図表47のようになります。

変数型マップの中心となる変数は「顧客満足度」です。このマップから、顧客満足度を高める施策は、どれを取ってもコストアップにつながることがわかります。

普通のホテルならこれらの要素をバランスよく上げたり下げたりするのですが、スーパーホテルは顧客満足度に影響する一部の項目を優先し、他を犠牲にする戦略を取りました。それをこのマップでは変数の横に○印と×印をつけて示しました。○印がついた要素は金をかけてでも良くするもの、×印が付いた要素は犠牲にする要素です。

スーパーホテルの割り切りは、ビジネスホテルの宿泊客にとって客室は「寝るためだけの部屋」だということです。そのため部屋は狭くしますが、快適に眠れるように壁の防音性能

図表46 スーパーホテルの因果関係マップ

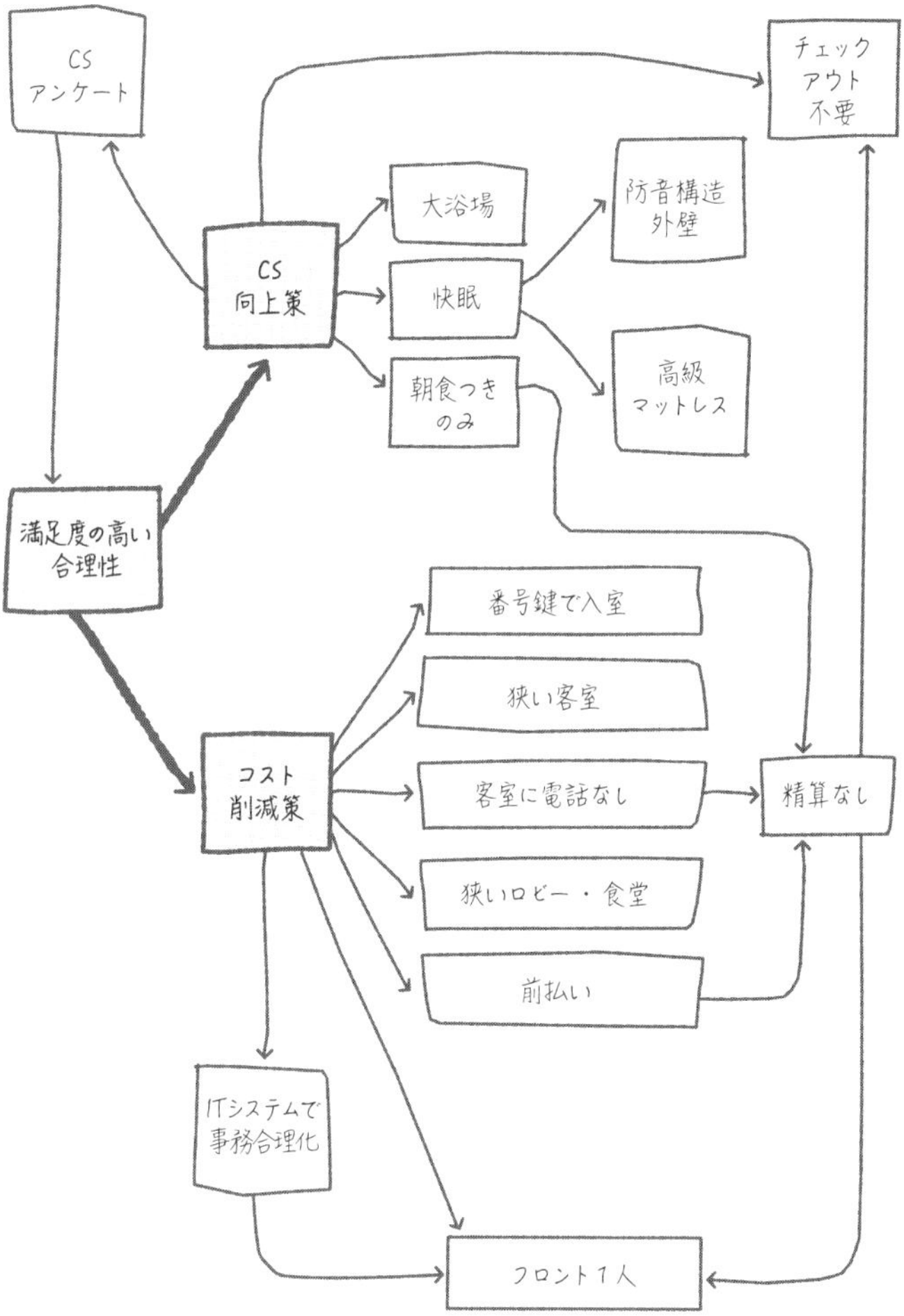

図表47 スーパーホテルの変数型の因果関係マップ

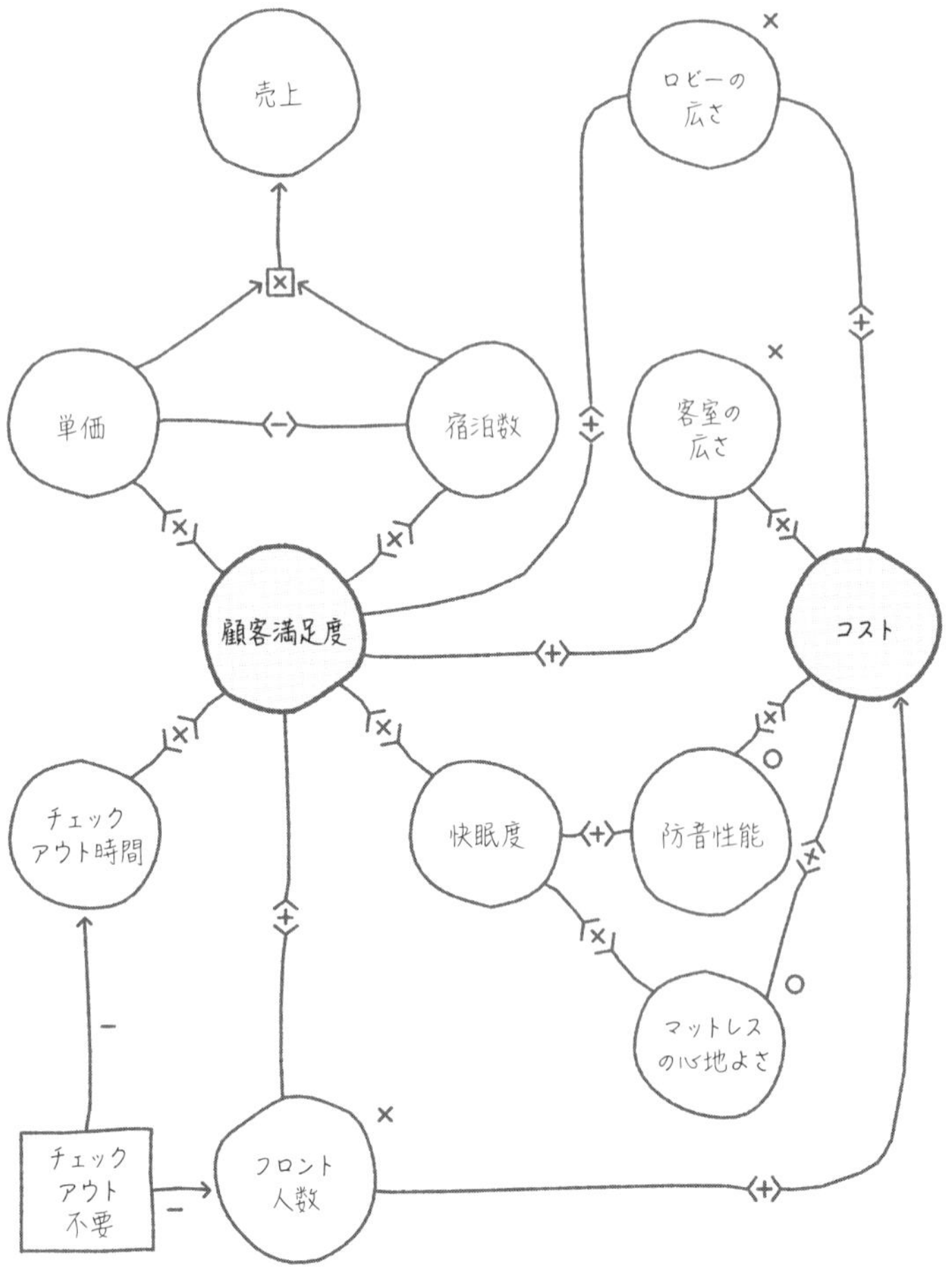

を高め、高級マットレスを設置して心地よく眠れるようにしました。ロビーの広さもフロントの人数も抑えてコストを低減しています。

図表46の原因・結果を示すマップと**図表47**の変数のマップでは、**同じスーパーホテルのビジネスモデルの因果関係を示していながら、表現方法はずいぶん違います**。前者のマップは具体的な施策が見えますが、後者のマップは同ホテルが「顧客満足度とコストのトレードオフに関してどのように独自のメリハリをつけたか」がわかりやすくなっています。

どちらのマップのほうが正しいという話ではありません。検討したい内容によって、マップの種類を使い分ければよいのです。

原因・結果型のマップと変数型マップを上手に使い分ける。

思考のヒント⑤

海外旅行は「新発想発見」の絶好の機会

私はよく海外へ出張や旅行に行きますが、現地でさまざまなサービスを受ける中で、「日本にはない工夫」を発見するのが楽しみのひとつです。

たとえばホテルの「エクスプレスチェックアウト」は、かなり前からアメリカで行われています。これはスーパーホテルのチェックアウト不要のシステムとも少し似ていますが、チェックインするときにフロントでクレジットカードを提示すると、チェックアウトする日の早朝に客室のドアの下から精算書兼領収書を入れてくれるサービスです。朝、ホテルから出る前に精算書を確認して、問題がなければ、チェックアウト手続きをする必要はなく、そのままホテルを出ることができます。

もうひとつ面白いのが、レンタカーの「特急会員」です。これはレンタカー会社に事前登録が必要ですが、一度登録すれば、カウンターに立ち寄ることなく、いきなり車に直行できるのです。まずレンタカー会社のオフィスの外に特急会員専用の表示板があります。ここには予約されている特急会員の名前と車の位置が表示されています。特急会員はそれを見て車に直行すると、車の中には記入済みの契約書類と車の鍵がすでに用意されていて、あとは車を運転するだけ。

でもそれだけでは、予約していない人でも、勝手に車を奪って運転できてしまいますよね。それを防ぐため、駐車場の出口にはゲートがあります。そこで係員が運転者の免許証と書類と車の車体番号を照合して、確かに本人であることを確認するのです。

スウェーデンに出張した際には、市内のバスに乗りましたが、バスに乗り降りする際に、誰も料金支払いを確認しません。乗客は、バスの降り口にあるカードリーダーに自主的にICカードをかざしています。あいにくICカードを持っていなかった私は、降りる際に運転手に料金の支払いを申し出ましたが、「払わなくていいよ」と言われました。

ドイツやスウェーデンの公共交通機関の多くは、このように「乗客は正しい料金の切符を買っている」という性善説になっていますが、ときどき抜き打ち検札をして、切符を持っていない人には多額の罰金を課しているそうです。


以上の例はすべて「システム設計」の問題です。ホテルのエクスプレスチェックアウトもレンタカーの特急会員も、待ち時間を減らせるので、出張が多いビジネスパーソンには大きな魅力になるでしょう。最近、日本から海外に出国する際に出国審査を自動化するしくみができました。これも事前登録が必要ですが、混雑時には大きな時間節約になる制度ですね。

行列ができるビジネスであれば、どこでもこういった「システム設計の見直し」でサービスアップを図ることが可能です。

第 5 章

遠くから
アイデアを借りる

――「本質」を別の場に応用

アナロジー思考その1　深い構造の類似性に気づく

前章までで、さまざまな企業のビジネスモデルを因果関係マップで分析し、ユニークな施策を抽出する段階が終わり、次はいよいよこれらの施策を借りてきて、自分の企画に活かす段階です。それには**「深い構造の類似性に気づく」というアナロジー思考その1**と、**「遠くからアイデアを借りてくる」というアナロジー思考その2**を使います。

ビジネスモデルの因果関係マップをつくり、それぞれの特徴的な施策を抽出したら、次はそれらの間の「類似性」に気づく段階。複数の事例の間の類似点を見つけ出して、それらの背後にある因果関係を説明します。

基本的には、①共通の特徴やユニークな特徴を取り出す、②その特徴を抽象化する、という手順で行います。

まず、飲食店の事例に共通した施策を抽出してみましょう。

すべての事例で共通しているのは、「調理方法かメニューアイテム品を絞り込んでいる」ということです。丸亀製麺はうどん、鳥貴族は焼鳥というように、多くのチェーンが料理自体を絞り込んでいます。それほど絞り込んでいない大戸屋でも調理方法は3種類（焼く・揚げる・茹でる）に絞り込んでいます。

この理由は、おいしさと低価格を両立するためです。メニューの品が増えると調理の効率が下がったり、材料の在庫が増えたりするため、おいしくなく、値段も高くなります。

もうひとつの全事例の共通点は、「セントラルキッチンを使わず店内で調理していること」。大戸屋や鳥貴族では、調理だけでなく、材料を切り分けるといった前処理まで店内で実施しています。チェーン飲食店では、セントラルキッチンで前加工するのが常識。そうすれば店舗での手間が省けるので、トータルでコストダウンになるからです。でも、ここまで事例に取り上げた飲食店では、あえてセントラルキッチンを使っていません。

この理由は、前処理や調理をしてから食べるまでの時間が短いほどおいしいからです（正確にいえば、調理してから食べるまでの時間を短くすることで、高い食材の場合はもちろん、安い食材でもおいしくなる料理を選んでいるということ）。

鳥貴族と四十八漁場の共通点は、「食材の鮮度を上げる工夫をしていること」です。四十八漁場は神経締めで魚を締め、漁港から店舗へ直送することで魚の鮮度を上げています。鳥貴族は冷凍でなくチルドの国産鶏肉を使うことで鮮度を上げています。

また鳥貴族と大戸屋は、専用調理器具を開発しています。鳥貴族の場合は焼鳥をアルバイトでも均一に焼けるグリル、大戸屋は料理を1人分ずつ調理できる調理器具（焼く・揚げる・茹でるに限定）に加えて1人分の鰹節を削る機械も開発しました。

これらを踏まえると、儲かっている飲食業がやっていることからは、具体的には次のような施策が抽出されます。

- **メニューの品数を絞り込む**
- **調理方法を絞り込む**
- **セントラルキッチンを使わず店内調理する**
- **店内で仕込み作業も行う**

・専用調理器具を開発する

参考になる施策は、多くの事例に共通した施策だけでなく、ユニークな施策もあります。たとえば次のような施策が抽出できるでしょう。

・1人分ずつ調理する（大戸屋）
・セルフサービスを採用する（丸亀製麺）
・店舗をビルの1階以外の階に置く（鳥貴族）
・獲れた魚を全種類まとめて、市場を通さず買う（四十八漁場）
・麺を茹で置きにし、コシのある麺をすぐに出せるようにする（丸亀製麺）

次に、これらの施策の一部を抽象化します。

抽出された施策からは、次のように、飲食業界にとってある程度、普遍的な（多くの状況で適用できる）法則が導き出されます。

・高価な食材を使わずに調理の工夫でおいしくできる料理に特化している

・おいしさの因果関係を追究し、低コストでおいしい料理を提供する方法を工夫する
・大量に食材を調達することで、安く買える
・メニューは絞り込む代わりに、他店より格段においしい味を実現する
・客の回転率を高めて、低価格でもしっかり儲かるようにする
・「知名度が低いため、おいしいのに安い食材」を調達する
・生産者から直接買って食材を安く調達する

この中でも一般性の高い（つまり多くの事例で採用されている）施策をまとめた因果関係マップが図表48です。

さらに、飲食店以外のサービス産業の事例からは、次のような共通の施策が抽出できます。

・コンセプトを明確にし、サービスにメリハリをつける
・客の待ち時間を短縮し、忙しい客の時間を節約することで価値を提供する
・一部の業務をセルフサービス化して待ち時間短縮とコストダウンを同時に達成する

図表48 繁盛店で採用されている施策の因果関係マップ

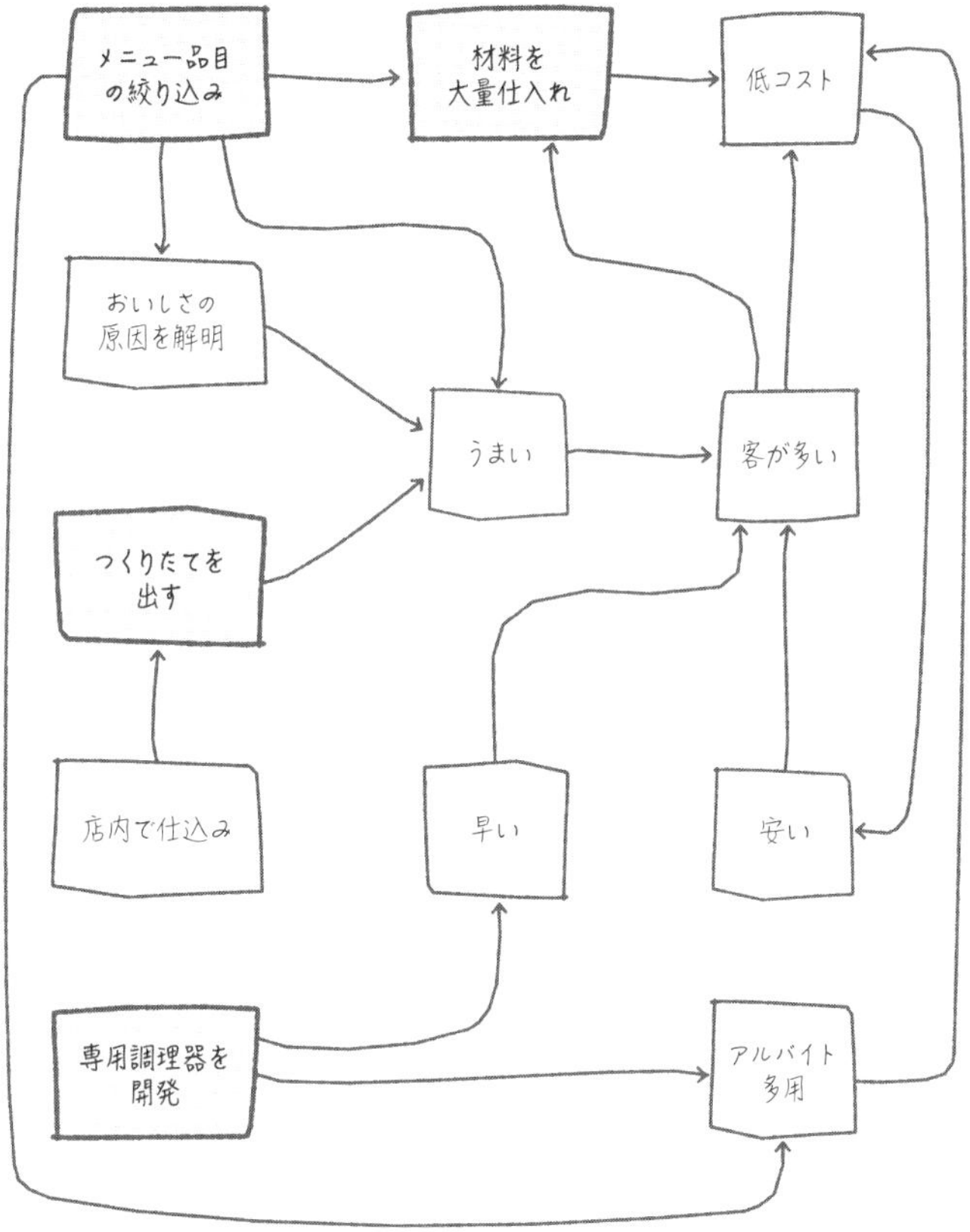

同じくサービス産業の事例からは、次のようなユニークな施策も抽出できます。

- 施設や設備に関して金をかける部分とかけない部分のメリハリをつけている（スーパーホテル）
- 駅構内などの家賃は高いが便利な場所に集中出店している（QBハウス）
- 物流センターの周りに集中出店する（コンビニ）
- 店舗ごとに品揃えをダイナミックに変化させる（コンビニ）
- 専用設備を開発する（QBハウス）
- 専門職（理髪師）の腕が早く上がるということで人材を集めている（QBハウス）
- 切り過ぎない髪型を指導することで、客の来店頻度を上げている（QBハウス）

今回取り上げた事例、とくに飲食店の事例には、もうひとつ共通点があります。それは、どのチェーンも業界の「常識の壁」を打ち破って成功していることです。

飲食店のすべての事例で、チェーン店の常識であるセントラルキッチンは使っていませんが、多くのチェーン店が取る「客のさまざまな好みに応えるためメニューの品目を増やす」という施策も取っていません。どれもコンセプトが明確で、ぶれずに維持しています。

アナロジー思考その2　遠くから借りる

　ここまで、アイデアを借りることができそうな、多くの事例を分析してきました。

　次はいよいよ新しい飲食店チェーンのアイデアを出す段階です。このためにはまず「戦略の着眼点」を探さなければなりません。

　着眼点を探すとは、わずかな兆候しかないためにまだほとんど誰も気づいていないことや、ある傾向が始まっていて今後それが加速しそうなことがらなど、要するに**「変化点」を見つけること**。こうしたポイントを見つけるには、次の3つの方法が有効です。

①ブレーンストーミング：できる限り広範囲の部署・専門・年齢・趣味のメンバーを集めてきて、着眼点を見つけるブレーンストーミングをします。参加する人の多様性が高いほど、自分たちの思い込みの外のアイデアが出ます。
②社会の幅広いトレンドを説明した本：『20XX年の日本』や『観光白書』といった、社会の幅広い動きやトレンドを説明した本、データをまとめた本をなるべく多く読んで、ヒントを探します。

③タウンウォッチング：①と②でいくつかの方向性が出たら、アンテナを高くして、街に出て観察します。つまり目的意識を持ったタウンウォッチングです。

たとえば、外国人観光客が数年後に年間2000万人に達する可能性が高いという潮流があります。この原因のひとつは、「日本のよさが海外に知られつつあること」です。日本は食事がおいしく、自然が美しく、観光資源が多くあり、安全で、交通機関が発達しています。

もうひとつの原因が「円安」です。為替レートは一時の超円高からいまはかなり円安に振れており、20年間デフレが続いた日本の物価は、外国人にとって割安に感じられるようになりました。

そして第3の原因が、「中国・台湾・韓国や東南アジア諸国の経済成長」のおかげでこれらの国の中産階級が増えていることです。都会のショッピング街や観光地に出かけて、外国人観光客の様子を観察してみましょう。ニュースで外国人観光客のニュースが出たら、内容をメモしましょう。

そうしてわかるのは、このような外国人の観光客・ビジネスパーソンをメインターゲットとした飲食店チェーンがまだないことです。そこに目をつけてみました。

基本コンセプトを組み立ててみた例 その1

着眼点として「外国人観光客向けの飲食店」が浮き上がってきたら、次はそこから出発して、具体的な飲食店チェーンの「基本コンセプト」を考える段階です。このためには、またブレーンストーミングやタウンウォッチングをすることが有効でしょう。場合によっては外国人観光客のツアーガイドにヒアリングするとか、外国人観光客が多く来店する飲食店で観察するという方法もあるでしょう。

そうやって考え続けていくと、たくさんの基本コンセプトを考え出すことができます。その中でよさそうないくつかのコンセプトを具体化してみます。その際、ここまで多くの飲食店の事例を分析して「頭の中の引き出し」に入れてきたさまざまなアイデアを適用し、なるべく魅力的な案を考え出します。

そこで「アイデア1」として、東京や京都などの大都市ではなく、地方都市を訪れる海外の観光客に焦点を当てたレストランチェーンを考えてみましょう。大都市には多くの飲食店がひしめいており、競争は非常に激しいもの。しかし地方都市なら、ファミリーレストランなどの普通の飲食店しか展開していない地域も多いはずです。

地元の人がちょっとおいしい食事を食べるには、地元の名店に行くでしょう。しかし貸し切りバスで地方の観光地をめぐる海外からの観光客に対応できるのは、大型のファミリーレストランやドライブインしかありません。日本各地には、それぞれの地方特有の名産品が多くあるのに、それらを外国人観光客が楽しむことはかなり難しいといえます。それこそがこの企画の着眼点です。これによって儲かるだけでなく、日本の地方再生にも役立つアイデアとして考えてみましょう。

アイデア1　地方を訪れる海外からの観光客に焦点を当てたレストランチェーン

〈着眼点〉

ここ数年、日本各地の観光地には外国人観光客がどんどん増えています。中国・東南アジアだけでなく、オセアニアや欧米からの訪問客も増加。以前から人気のあった観光地だけでなく、いままで外国人がほとんど来なかった場所まで海外からの観光客が押し寄せています。また、団塊の世代を中心に、定年退職後に国内旅行を楽しむシニア層も増えています。

こうした「大型バスで国内の観光地を訪問する観光客向けの飲食店」は今後も不足すると考えられます。

〈店舗の詳細〉

・出店場所……海外からの観光客が多く訪問する観光地の近く
・ターゲット顧客……バスで訪問する団体客、車で訪問する個人旅行客、地元の客
・競争相手……地元経営のレストランや全国に展開するファミリーレストラン
・基本コンセプト……新鮮な地元食材を使った和食チェーン
・届ける顧客価値……大人数の団体が来店しても、待たされず、できたてのおいしい料理が楽しめる

〈店舗の施策〉　※各施策の後のカッコ内はアイデア源（どこから借りてきたか）

①地元の農家や漁師と提携し、毎朝、地元の新鮮な食材を直接調達する（四十八漁場）
②一地域に複数の店を集中出店し、地元食材の購入・物流コストを下げる（コンビニ）
③店内では、地元の名品だけでなく、おもちゃ・キャラクターグッズなど外国観光客が欲しがる物品を販売する（コンビニ）
④セントラルキッチンは使わず、すべて店内で調理する（飲食店共通）
⑤短時間で大人数分の料理が調理できるメニューに絞り込むことで客の待ち時間を短縮し、客回転を上げる（丸亀製麺）

⑥店内で料理を出す直前に鰹節を削り（大戸屋）、うどんを製麺する（丸亀製麺）

⑦新鮮な食材の味を活かし、できたてを出すことでおいしく感じる料理を選ぶ（大戸屋）

⑧メニューの品数は絞り込む代わりに、各品とも非常においしくする（飲食店共通施策）

⑨大量においしく料理できるような専用調理器具を開発する（鳥貴族）

⑩入店時に希望する客にタブレットを渡し、その画面に料理の写真と説明を客の母国語で表示し、料理を選んでもらう（スーパーホテル、ＱＢハウス）

⑪団体客は来店前に料理を選び、それを添乗員があらかじめ店にスマホで知らせるアプリを用意する（ＱＢハウス）

⑫最高のサービスを提供するように店員にあいさつ・おじぎなどを徹底的に訓練する（スーパーホテル）

⑬建物の外観は簡素にしてコストを抑えるが、食器と客の座る椅子には高級品を使う（スーパーホテル）

⑭店の混み具合を店の外の電光掲示板で表示し、団体客で混雑している時に個人客が来店して待たされるのを防止する（ＱＢハウス）

以上のビジネスモデルの因果関係マップは**図表49**のようになります。

図表49　外国人観光客向けレストランの因果関係マップ

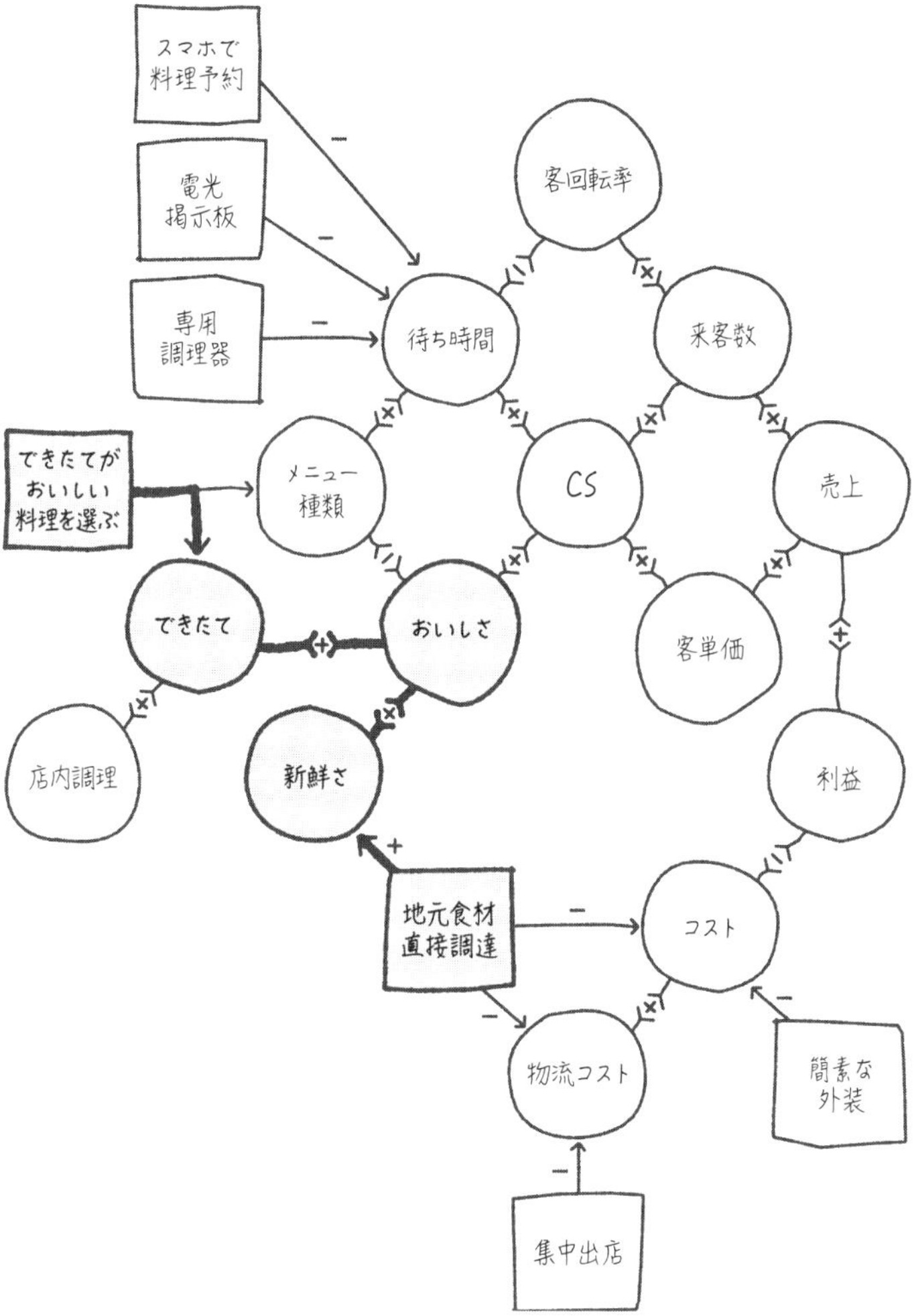

基本コンセプトを組み立ててみた例 その2

続いては、外国人ビジネスパーソンや観光客向けの、大都市の居酒屋チェーンを考えてみます。

海外に行ってみると、居酒屋という業態は日本独自であることに気づきます。欧米では、酒を飲むのは主にバーやパブ。そこで食事もできますが、居酒屋のように多様な料理を出す店、さまざまな料理を少しずつみんなで分け合いながら食べる店は、外国の飲み屋にはあまり見当たりません。

こうしたこともあり、日本を訪れた外国人の多く（とくに飲んでしゃべるのが好きな人たち）は、日本の居酒屋を気に入ることがよくあります。とはいえ、東京などの大都市でも、日本に慣れていない外国人には居酒屋は敷居が高いもの。英語が話せる店員が少なく、英語のメニューを用意している店も少ないからです。そこに目をつけたのが、「外国人も安心して入れる居酒屋」というコンセプトです。

アイデア２　外国人も安心して入れる居酒屋

〈着眼点〉

東京オリンピックや日本の観光ブームで、日本の都市部には高級ホテル建設ラッシュが起こっています。外国人の中には、「日本の居酒屋に行ってみたい」という宿泊客もいますが、客は日本人ばかりでちょっと入りにくい。そんな外国人客が気軽に入ることができ、日本の居酒屋文化を楽しめる店があれば、人気を集めるでしょう。

〈店舗の詳細〉

・出店場所……大都市の高級ホテル近辺
・ターゲット顧客……裕福な外国人旅行客（富裕層の観光客やビジネスパーソン）、日本人のビジネスパーソン
・競争相手……ホテルのレストラン、周辺の中・高級レストランやバー
・基本コンセプト……しゃれたレストランのような雰囲気のインテリアで居酒屋料理
・届ける顧客価値……日本の居酒屋料理の高級バージョンを外国人にとってフレンドリーな雰囲気で楽しむ

〈店舗の施策〉

①場所は家賃の安い1階以外の階にする（鳥貴族）

②1人客でも気軽に使えるようにバーカウンター席を用意する

③メニューの品数は絞り込む代わりに、各品とも非常においしくする（飲食店共通施策）

④メニューは焼鳥などの串料理中心とし、おいしく焼ける専用グリルを開発する（鳥貴族）

⑤食材に関するうんちくを店員が客に説明する（四十八漁場）

⑥食材は、地鶏や和牛、国産豚など材料費は高いがおいしいものを使う（鳥貴族）

⑦酒は日本の酒、焼酎、ウィスキーと海外のワインを中心に用意し、テーブルに設置したタブレットで選び、注文できるようにする（QBハウス）

⑧インテリアはしゃれたデザインにし、ゆっくりとくつろげるように、座り心地が最高の高級椅子を使う（スーパーホテル）

⑨最高のサービスを提供するように店員にあいさつ・おじぎなどを徹底的に訓練する（スーパーホテル）

以上のビジネスモデルの因果関係マップは、**図表50**のようになります。

図表50 外国人向け居酒屋の因果関係マップ

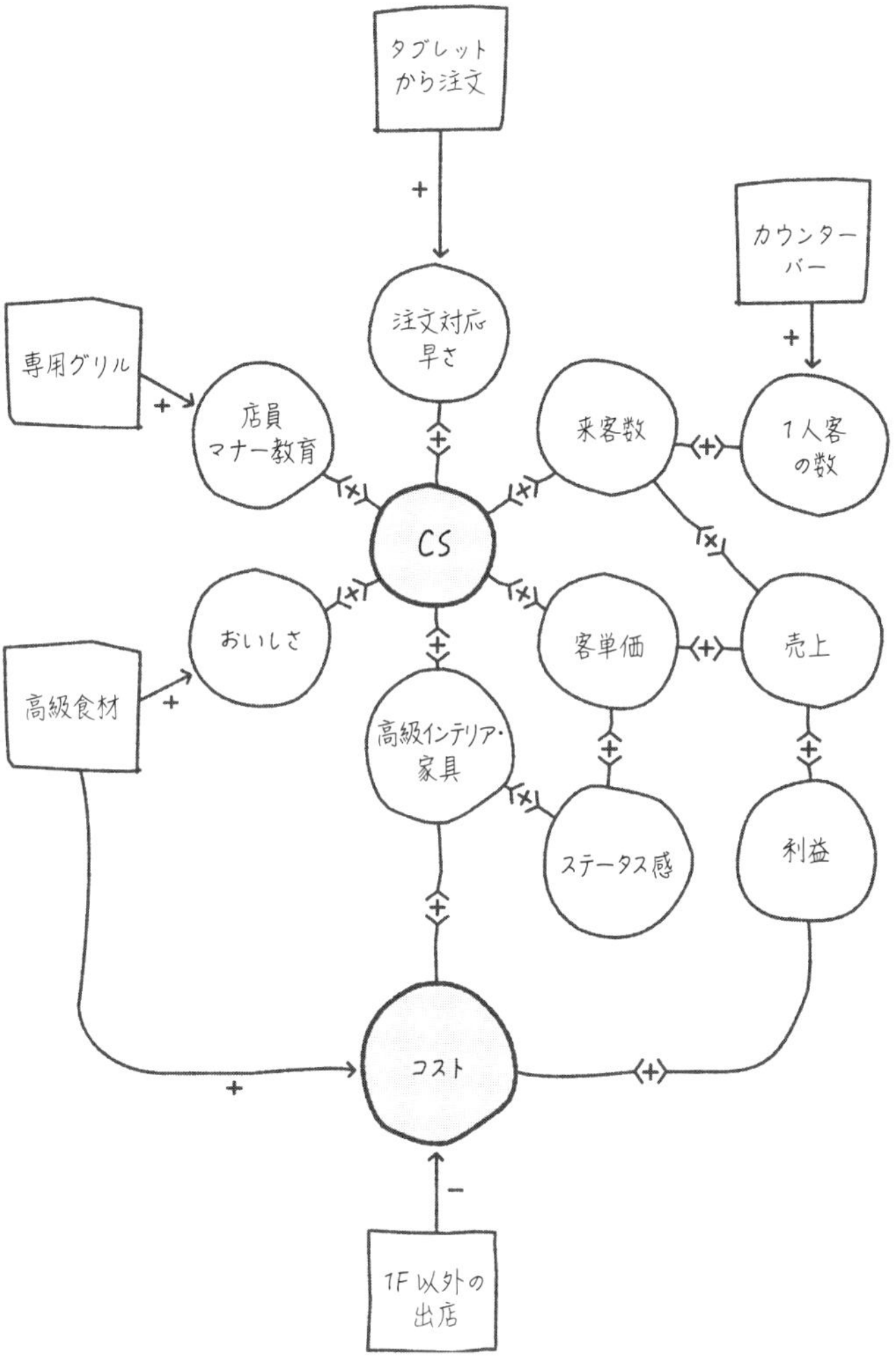

企画案としてまとめる

こうして基本コンセプトに基づく主要な施策が決まったら、それを企画案にまとめます。この場合のポイントは、

- **事業性……売上や利益がきちんと確保できるのか**
- **実現性……実現するための障害は何であり、その対策はどのようなものか**
- **差別化……他の店に比べて優位な点は何であり、それは簡単にまねができないようになっているか**

といったことです。飲食店業界は非常に競争が激しいですし、チェーンとなれば金銭的なリスクが大きいですから、説得力のある企画案でなければ上司を説得できません。

深速思考を使って考えた施策は、実現性が高い施策を他の飲食店やそれ以外の産業から借りてきているので、説得力があります。また多くのアイデアを出すことができますから、その中から他のチェーンとはっきり差別化でき、簡単にまねができないものを選び出すことが

できます。
つまり深速思考は、優れた企画案を考え出す秘密兵器になるということです。

企画案としてまとめる際には、ぜひともＡ３用紙１枚にまとめる方法をおすすめします。Ａ３報告書は、トヨタでは何十年も前から全社的に使われてきました。定められた形式で、ムダな記述をそぎ落とし、本質的に重要なポイントだけに絞って紙１枚にまとめる。これによって作成者の思考がコンパクトに表現され、ノウハウの伝達や共有のための強力なツールになるからです。

次ページ図表51は、Ａ３サイズの紙１枚にまとめた企画案の例です。この場合は「表題」「背景」「ビジネスモデルの基本コンセプト」「差別化のための具体的施策」「施策と経営数値を結ぶ因果関係マップ」「経営数値をシミュレーションする事業性分析」というセクションに分かれています。

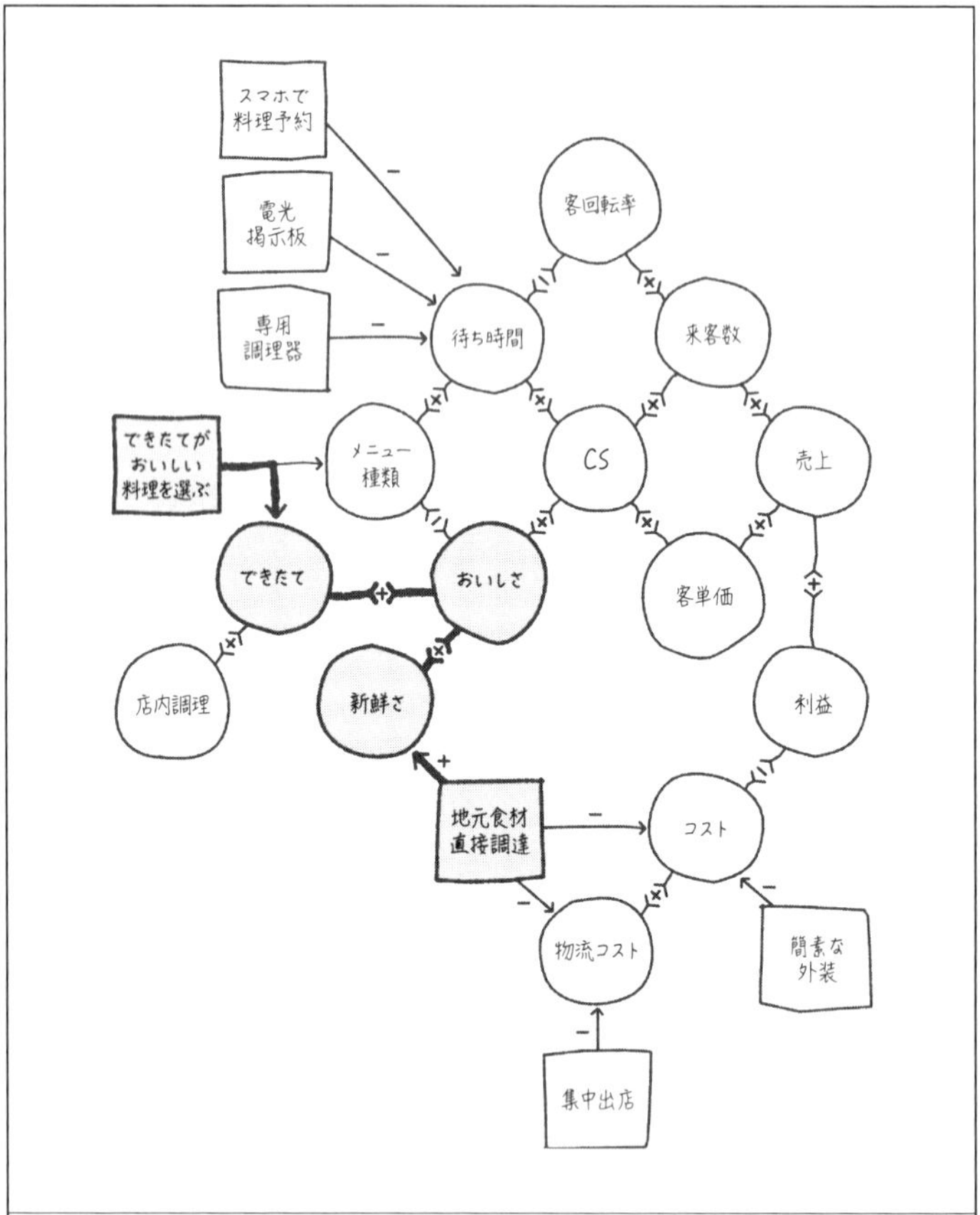

事業性分析

1. 来客数	2. 客単価	3. 営業時間	4. 従業員数
5. 人件費/従業員	6. 家賃・光熱費	7. 設備投資	8. 原材料価格
9. 売上	10. 粗利	11. 営業利益	12. 投資回収期間

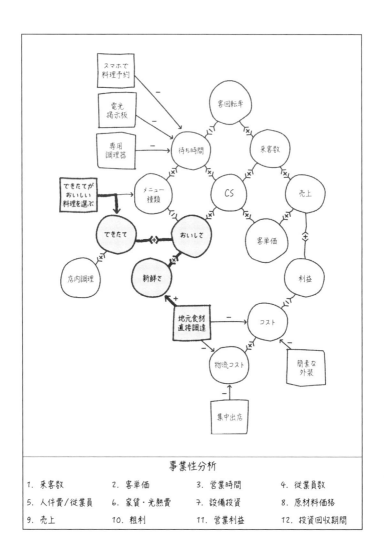

図表51 インバウンド観光客向けレストランチェーンの企画案

企画提案

地方を訪れる海外からの観光客に焦点を当てたレストランチェーン

背景

ここ数年、日本各地の観光地には外国人観光客がどんどん増えています。中国・東南アジアだけでなく、オセアニアや欧米からの訪問客も増加。以前から人気のあった観光地だけでなく、いままで外国人がほとんど来なかった場所まで海外からの観光客が押し寄せています。また、団塊の世代を中心に、定年退職後に国内旅行を楽しむシニア層も増えています。こうした「大型バスで国内の観光地を訪問する観光客向けの飲食店」は今後も不足すると考えられます。

基本コンセプト　新鮮な地元食材を使った和食チェーン

出店場所	ターゲット顧客	競争相手	届ける顧客価値
海外からの観光客が多く訪問する観光地の近く	バスで訪問する団体客、車で訪問する個人旅行客、地元の客	地元経営のレストランや全国に展開するファミリーレストラン	大人数の団体が来店しても、待たされず、できたてのおいしい料理が楽しめる

差別化対策

1. 地元の農家や漁師と提携し、毎朝、地元の新鮮な食材を市場を経由せずに直接調達する
2. 一地域に複数の店を集中出店し、地元食材の購入・物流コストを下げる
3. 店内では、地元の名品だけでなく、おもちゃ・キャラクターグッズなど外国人観光客が欲しがる物品を販売する
4. セントラルキッチンは使わず、すべて店内で調理する
5. 短時間で大人数分の料理が調理できるメニューに絞り込むことで客の待ち時間を短縮し、客回転を上げる
6. 店内で料理を出す直前に鰹節を削り、うどんを製麺する
7. 新鮮な食材の味を活かし、できたてを出すことでおいしく感じる料理を選ぶ
8. メニューの品数は絞り込む代わりに、各品とも非常においしくする
9. 大量においしく料理できるような専用調理器具を開発する
10. 入店時に希望する客にタブレットを渡し、その画面に料理の写真と説明を客の母国語で表示し、料理を選んでもらう
11. 団体客は来店前に料理を選び、それを添乗員があらかじめ店にスマホで知らせるアプリを用意する
12. 最高のサービスを提供するように店員にあいさつ・おじぎなどを徹底的に訓練する
13. 建物の外観は簡素にしてコストを抑えるが、食器と客の座る椅子には高級品を使う
14. 店の混み具合を店の外の電光掲示板で表示し、団体客で混雑しているときに個人客が来店して待たされるのを防止する

思考のヒント⑥

70歳近くでも仕事に困らないAさん

70歳近い筆者の先輩のAさんは、いまもIT関係のコンサルティングの仕事がどんどん入ってきて、嬉しい悲鳴を上げています。

Aさんはサラリーマン時代にはプログラミングのような仕事ではなく、「要件定義」という最も上流の業務をやっていました。これは生産管理システムを導入したいお客さんのところに行って、「何のために何をしたいのか」を聞き出し、それに基づいて最も適切なシステムの要件（つまりシステムが備えていなければならない特徴）を定義する仕事です。信じられない話ですが、これがうまくできる人材が非常に少ないのです。

Aさんは大学の工学部を卒業後、1970年代に大手電機メーカーに就職して、最初は工場で生産管理の仕事をしていました。その時代に当時アメリカで生まれたばかりの「MRP」という生産計画のしくみを勉強して、MRPの本の共著者になりました。つまりAさんは「生産管理のしくみをゼロから考えること」から出発したのでした。さらにAさんはIE（インダストリアル・エンジニアリング）という生産工程の科学的な改善手法を学び、職場で実践しました。

その後、その電機メーカーの情報システム販売部門に異動して、製造業の顧客に生産管理システムを導入する要件定義のサポートを何十年も行っていました。そのおかげで、抽象化能力が鍛えられたのでしょう。普通の人ならとっくに引退生活に入っている年齢になっても、IT関係の業務で稼ぎ続けています。

ITは技術の進歩が速いですから、知識がすぐに陳腐化します。昔のプログラマーならフォートランやコボルといった言語を使っていましたが、その後、C言語、そしていまではJAVAやPHPというように、使用言語がどんどん変わっていきます。

でも、Aさんがやっている要件定義のように「超上流業務」と呼ばれる仕事に必要とされる能力は変わっていません。なぜなら、生産管理で本質的にやりたいことはここ100年間変わっていないからです。これが本当の「つぶしのきく能力」ですね。

終章

深速思考を日常化する

さらにステップアップするには？

ここまで、深く速く考える「深速思考」のトレーニングを楽しんでいただけたでしょうか。読者のみなさんには、本書をお読みになったことをきっかけに、ぜひとも日常生活の中で深速思考をどんどん使ってみることをおすすめします。深速思考を日常化すると、さまざまないいことがあります。

第1に、難しい問題に直面した際、最初に思いついた解決策にいきなり飛びつくのではなく、**「根本原因」を分析することが容易にできる**ようになります。因果関係マップ作成で鍛えた抽象化思考によって、問題の本質的な構造が瞬時に頭に浮かび、本質的な課題が発見しやすくなります。また、状況を抽象化して見ることができると、自分の「常識の壁」に気づいて、それにとらわれない発想をすることができます。

第2に、抽象化思考だけではいい解決策が思い浮かばない場合には、**アナロジー思考を使って「遠くからアイデアを借りてくること」が簡単にできる**ようになります。

アナロジー思考のいいところは、さまざまな分野のアイデアを頭の引き出しの中にたくさん入れれば入れるほど、発想力が豊かになること。発想力が豊かなのは若い人だけとか、生まれつき発想力が高い人だけとあきらめていた人も、努力するほど発想力が高まります。

こうして30〜40代のころからアイデアを引き出しに入れ続ければ、60代・70代になっても発想力が高まり続けます。このやり方なら、年齢が高くなるほど多くの知恵を蓄積できますから、発想力を若い時代よりかえって高めることすら不可能ではありません。

そのために、誰にでもできる日常的な訓練方法をいくつか紹介します。私自身もこれを実行しています。

日常でできるトレーニング① タウンウォッチング

第5章でも少し説明しましたが、日常で一番簡単にできることは、街に出て、世の中を観察することです。人は同じ場所を何度も通ると、脳が新しい情報をインプットしなくなります。ですから、通勤で歩く経路を変えてみるとか、普段行ったことがない街や店に行って「タウンウォッチング」をしてみることが効果的です。

タウンウォッチングといっても、ただ漫然と街を歩き回っただけでは、足腰は鍛えられても脳は鍛えられません。アンテナを高くして歩くことが重要です。つまり、目をあらゆる方向に向けて、「何か変わったこと、変なことはないか」と注意しながら歩くことです。

閉店になった飲食店を見かけたら「この店はなぜつぶれたんだろう？」と考え、長さが数百メートルほどの通りに処方箋《しょほうせん》薬局が何軒もあるときは「なぜここら辺だけ薬局が多いんだろう？」と考えましょう。

こうして**何かテーマが見つかったら、その原因に関して「仮説」を立ててみましょう。**処方箋薬局が多い地区なら、「この辺は高齢者が多いのでは」とか「この周辺にはクリニックが多いからでは」とか、何でもいいですから仮説をつくってみます。

仮説を立てれば、脳は自然にその仮説の「証拠」を探し始めます。でも、結果的にその仮説が証明されるかどうかは関係ありません。仮説を立てること自体に意義があるからです。次に説明する「ビジネスモデルの研究」は、このタウンウォッチングをさらに発展させた方法だといえます。

日常でできるトレーニング② ビジネスモデルの研究

タウンウォッチングと比べて努力が必要ですが、より楽しめるのが「ビジネスモデルの研究」です。その方法を、4つのステップを追って説明します。

ステップ1 何か面白いビジネスを見つける

元気がなくなった日本の製造業に比べて、日本のサービス業はとてもイノベーションに満ちたものになってきました。毎日、私たちの身近にたくさんの新しいビジネスが生まれています。それをまず見つけましょう。

前にも少し述べたように、筆者のおすすめの方法はテレビの経済番組です。『ガイアの夜明け』『カンブリア宮殿』や『がっちりマンデー』といった番組では、毎週ユニークな取り組みをしている会社を紹介しています。また、書店のビジネス書コーナーに行けば、ユニークな経営をしている会社を取り上げた本が多数あります。

この本で取り上げた演習問題のネタの一部には、こうした番組やビジネス書からヒントを得たものもあります。これらを使って情報を収集しながら、それぞれの会社のユニークな施策や戦略を抽出していきます。このやり方は、本書の中で紹介したとおりです。

ステップ2　自分で体験する

そうしたユニークな取り組みをしている会社のサービスを、現地に行って体験してみてください。飲食店ならそこで食べる、ホテルなら泊まってみるということです。

テレビや本などでその会社のユニークな施策を知っている状態で、実際にそれを自分の目で確認すると、観察眼が鋭くなり、メディアで紹介されなかったような施策も見えてきます。

つまり、「せっかく行くなら問題意識を持って観察すべき」ということです。

私はあるとき「いきなりステーキ」というチェーン店に行ってみました。このチェーンは、立ち席もあるファストフード風な店ながら、グラム当たり6円でステーキが食べられるというのが売りです。1500円前後で、かなり上質の肉を使った250グラムのステーキが出ますから、一般のレストランの半値といった感じです。

そこでステーキを食べながら、私は店内の様子、従業員の人数、料理の方法などを観察して、「なぜこんなに安くても採算が取れるのか」を考えました。当然、これだけコストパフォーマンスがよければ、客回転が速く、それで大量の牛肉を安く仕入れられるというのはこうしたチェーンの定石です。

厨房を観察して気づいたのは、調理係は2人しかいないこと、肉はブロックから毎回切っていること、大きなガスグリルで強火で焼いていていること、ステーキは厚い鉄板にのせて出し、客がちょうどよい焼き具合になったら食べるようになっていることです。

つまりこの店では、おいしくなる施策（高級牛肉をブロックから切ってすぐにグリルで焼く）と手間を省いてコストを削減する施策（大型グリルで多数のステーキを同時に焼く、焼き具合は客が自分でタイミングを計る）を実行していることがわかりました。

ちなみに飲食店を観察するなら、料理している様子が観察できるオープンキッチンの店のほうが多くのことがわかります。ファストフードはこうした店が多いですよね。

また、壁には多数のワインが載ったポスターサイズの巨大なワインリストが掲示してありました。つまり、ステーキ専門店ながら、ワインを売り込んでいるのです。そこで「この店は、夜はステーキを食べながらワインを飲む客を呼び込んで客単価を上げている」と推測しました。

つまり、昼間はランチを求めるビジネスパーソンの客を速く回転させて売上を伸ばし、夜はワインをじっくり飲んでもらって客単価を上げる作戦のようです。このように、問題意識を持ってユニークなビジネスモデルの店に行くことで、知的好奇心が大いに刺激され、同時に深速思考のトレーニングにもなるのです。

ステップ3　因果関係マップをつくる

こうして得られた情報をもとに、因果関係マップをつくってみましょう。本書で紹介した他のマップを参考に、どこが似ているのか、どこが違うのかを確認します。本書の事例にないユニークな施策の背後にある因果関係が見つかれば、それは大きな気づきになります。

こうしてテレビで観たり、本で読んだりしたユニークなサービスを自分で体験して、問題意識を持って観察し、因果関係マップをつくれば、頭の中の引き出しに新たな知識が入ります。このような知識は因果関係を含む「深い知識」ですから、必ずみなさんの発想を豊かにするはずです。こうしたことを日常生活の中で常にやっていると、頭の中にはたくさんの発想のネタが入り、必要なときには、いままでよりはるかに広い発想ができるのです。

ステップ4　遠くからアイデアを借りる

店舗に行ったら、ユニークな施策を見つけるだけでなく、いままで頭の引き出しに入れた他のチェーンのユニークな施策の中で、借りられるアイデアがないか考えます。「丸亀製麺のあのアイデアを、いきなりステーキに適用したらどうなるだろうか」なんて考えてみるのも楽しいものです。

このように、日常的にアナロジー思考ができるようになったら、仕事でも積極的に使ってみましょう。仕事で大きな壁にぶつかったら、「世の中に、この問題をすでに解決している会社・サービス・製品はあるだろうか？」と問いかけてください。ステップ1〜3を繰り返していれば、頭の中の引き出しには、多彩なアイデアがぎっしり詰まっているはず。それを使えば、みんなが驚くようなアイデアが出ること請け合いです。

日常できるトレーニング③　歴史を「因果関係」から見る

筆者は典型的な理系人間で、歴史は「暗記科目」という先入観があって嫌いでした。

しかし、前述のように、深速思考トレーニングの教材として歴史の因果関係マップ作成の問題をつくるために、何十冊もの歴史関連書を読んで、すっかり歴史ファンになってしまいました。その理由は、歴史の中の因果関係をマップにすることで、歴史の大きな流れがつかめるようになったからです。

そこで、歴史に興味がある読者におすすめしたいのが、歴史の本を読んで因果関係マップをつくること。ただし、一般的な歴史関連書よりは「因果関係」を強く意識した本をおすすめします。筆者には次のような本が参考になりました。

『日本史の謎は「地形」で解ける』竹村公太郎（PHP文庫）
『日本史は「線」でつなぐと面白い！』童門冬二（青春文庫）
『歴史が面白くなる 東大のディープな日本史』相澤 理（KADOKAWA／中経出版）
『歴史が面白くなる 東大のディープな世界史』祝田秀全（KADOKAWA／中経出版）
『歴史が面白くなる ディープな戦後史』相澤 理（KADOKAWA／中経出版）

深速思考を仕事で自在に使いこなす

このように、楽しみながらトレーニングを続けることで、深速思考を仕事に役立てることができます。

「Baby Steps Lead to Giant Stride.（ベイビーステップが大きな飛躍につながる）」――ぜひこれを忘れずに、毎日、小さな一歩を歩んでください。1年継続できたら、見違えるほどあなたの思考力・発想力は高まっているでしょう。それは、「コンピュータに置き換えられない仕事」ができるようになることを意味します。

深速思考を仕事に使う方法は、いろいろとあります。

たとえば因果関係マップを職場のコミュニケーションツールとして使うことは、非常に有効です。何をすべきかがまだあいまいな段階で、現在わかっていることの全体構造を因果関係マップを使って見える化すると、みんなの理解が深まり、問題の本質を共有することができます。**因果関係マップは職場の仕事のやり方（業務プロセス）、問題の原因分析（根本原因は何かを探し出す）、ビジネスモデルのしくみ、製品の因果関係など、業務のあらゆる領域で使えるツール**です。

また、本書でさまざまな例を通じて説明してきたように、アナロジー思考は、発想力を高めるために非常に有効な手法です。アナロジー思考を使って新しいビジネスモデルを考え出したり、やっかいな問題の解決策を考え出したり、新しい商品やサービスのコンセプトを考え出したりすれば、常識の壁を破るアイデアを数多く生むことができるのです。

みなさんの仕事に、本書が少しでも役立つことを願っています。

おわりに

日本企業の製品開発部門のエンジニアに「リーン製品開発」の考え方を広める中で、私は本書で紹介した「深速思考」のトレーニングを編み出し、普及させてきました。しかし本書の執筆を機に、このトレーニングを日本のあらゆるビジネスパーソンへと広げようとしており、さらには海外企業や日本の大学教育まで広げる環境が整いつつあります。

海外への展開に関しては、「はじめに」でも少しお話ししたように、リーン製品開発の国際会議に招待され、深速思考トレーニングのワークショップも開催しました。

参加者は、同時開催される3つのワークショップのうちのひとつに自由に参加できるのですが、私のワークショップには最も多い25人以上が集まってくれました。参加者はフィリップスやダイソンといった電機メーカーをはじめ、ヨーロッパのさまざまな産業の開発部門のキーマンたちでした。

そこでは、本書で取り上げた電気掃除機の問題のほか、エアラインの顧客満足度調査で常に上位を占める「シンガポール航空のビジネスモデル」についての問題などに取り組んでもらいました。このトレーニングには、参加者は非常に興味を持ったようで、みなさん真剣に取り組んでいました。

さらに2016年の秋からは、深速思考トレーニングを東北大学の博士課程の学生向けの講義でも教えます。社会人だけでなく、学生にまで深速思考を普及できることは、私にとっても非常に嬉しく、またチャレンジングなことです。

私はこのトレーニングを広める中で、これこそ、いまの日本企業の競争力を高め、日本経済を復活させるために重要な人材教育法であるという確信を強めています。新しい商品コンセプトやビジネスモデルを考えたり、非常にやっかいな問題を解決したりする上で、このトレーニングで鍛えられる力はとても役立ちます。読者のみなさんも、ぜひこれからも深速思考の実践に取り組んでください。

稲垣　公夫

2016年5月

参考文献

『トヨタ式A3プロセスで製品開発——A3用紙1枚で手戻りなくヒット商品を生み出す』稲垣公夫・成沢俊子（日刊工業新聞社）
『トヨタ式A3資料作成術』稲垣公夫［監修］（宝島社）
『畑村式「わかる」技術』畑村洋太郎（講談社現代新書）
『アナロジー思考——「構造」と「関係性」を見抜く』細谷功（東洋経済新報社）
『具体と抽象——世界が変わって見える知性のしくみ』細谷功（dZERO）
『日本史の謎は「地形」で解ける』竹村公太郎（PHP文庫）
『ゼロ秒思考——頭がよくなる世界一シンプルなトレーニング』赤羽雄二（ダイヤモンド社）
『エッセンシャル思考——最少の時間で成果を最大にする』グレッグ・マキューン［著］、高橋璃子［訳］（かんき出版）
『スマート・シンキング——記憶の質を高め、必要なときにとり出す思考の技術』アート・マークマン［著］、早川麻百合［訳］（CCCメディアハウス）

『世界はシステムで動く――いま起きていることの本質をつかむ考え方』ドネラ・H・メドウズ［著］、枝廣淳子［訳］（英治出版）
『心と脳――認知科学入門』安西祐一郎（岩波新書）

"Why Don't Students Like School?: A Cognitive Scientist Answers Questions About How the Mind Works and What It Means for the Classroom", Daniel T. Willingham, Jossey-Bass
"Deep Thinking: What Mathematics can Teach Us About the Mind", William Byers, World Scientific
"Surfaces and Essences: Analogy as the Fuel and Fire of Thinking", Douglas Hofstadter & Emanuel Sander, Basic Books
"Shortcut: How Analogies Reveal Connections, Spark Innovation, and Sell Our Greatest Ideas", John Pollack, Avery
"The Thinker's Toolkit: 14 Powerful Techniques for Problem Solving", Morgan D. Jones, Crown Business

【著者略歴】

稲垣公夫（いながき・きみお）

グローバリング株式会社 代表取締役

1951年生まれ。東京大学工学部卒業、ミシガン大学工学部大学院修士課程修了。NECにて製造管理部担当部長、NECアメリカ副社長などを歴任。ジェイビルジャパン代表取締役社長などを経て現職。エリヤフ・ゴールドラット博士の『ザ・ゴール』を契機に国内へ広がったTOC（制約条件の理論）の考え方にいち早く着目し、同書日本語版の解説も務める。また、米国でのトヨタ研究への造詣が深く、第一人者であるミシガン大学のジェフリー・ライカー教授らによる『ザ・トヨタウェイ』『トヨタ経営大全』シリーズや、同じくトヨタの製品開発方式（リーン製品開発）を体系化したアレン・ウォード博士らの著作の翻訳・研究でも知られる。2010年にグローバリング（株）を設立し、主に製造業を対象に、リーン製品開発や経営戦略のコンサルティングを行う。主な著書に『トヨタ式A3プロセスで製品開発』（日刊工業新聞社）、翻訳書に『トヨタのカタ』（日経BP社）など多数。

深《ふか》く、速《はや》く、考《かんが》える。

2016年 6月 1日　初版発行
2016年 7月21日　第2刷発行

発行　**株式会社クロスメディア・パブリッシング**
発行者　小早川 幸一郎
〒151-0051　東京都渋谷区千駄ヶ谷4-20-3 東栄神宮外苑ビル
http://www.cm-publishing.co.jp

発売　**株式会社インプレス**
〒101-0051　東京都千代田区神田神保町一丁目105番地
TEL (03)6837-4635（出版営業統括部）

■本の内容に関するお問い合わせ先 ……………… クロスメディア・パブリッシング
TEL (03)5413-3140 ／ FAX (03)5413-3141

■乱丁本・落丁本のお取り替えに関するお問い合わせ先 ……………… インプレス　カスタマーセンター
TEL (03)6837-5016 ／ FAX (03)6837-5023 ／ info@impress.co.jp

乱丁本・落丁本はお手数ですがインプレスカスタマーセンターまでお送りください。送料弊社負担にてお取り替えさせていただきます。但し、古書店で購入されたものについてはお取り替えできません。

■書店／販売店のご注文受付 ……………… インプレス　受注センター
TEL (048)449-8040 ／ FAX (048)449-8041

カバーデザイン　西垂水敦（krran）
本文デザイン　安賀裕子（cmD）
ISBN 978-4-8443-7480-0 C2034
印刷　株式会社文昇堂／中央精版印刷株式会社
製本　誠製本株式会社